À Didier Thouart,
en témoignage
d'amitié et de
complicité
cinématographiques

Page précédente : Gérard Philipe dans *Juliette ou la Clé des songes*.

Ci-contre : Romy Schneider, avec Michel Piccoli pendant le tournage du film *Les Choses de la vie*.

JACQUES MAZEAU

LES DESTINS TRAGIQUES DU CINÉMA

FRANCE LOISIRS
123, boulevard de Grenelle, Paris

SOMMAIRE

Édition du Club France Loisirs, Paris,
avec l'autorisation des éditions Hors Collection

ISBN 2-7242-9252-9
N° d'éditeur : 26716
N° d'imprimeur : 36161
Dépôt légal : Janvier 1996
Imprimé par MAME Imprimeurs à Tours
en Juin 1996

INTRODUCTION

Voilà déjà cent ans que le cinéma alimente nos rêves.

Au cours de ce siècle « d'images », un nombre considérable de stars que nous admirions ont disparu, souvent dans la fleur de l'âge, et alors qu'elles avaient à peine atteint l'apogée de leur célébrité et de leur talent.

À chaque fois, nous avons été choqués, peinés, au point de ne plus jamais les oublier parce qu'avec leur disparition c'était un peu de nos rêves qui s'en allait.

Alors pourquoi ce livre, ce voyage où chaque étape est une stèle gravée d'une épitaphe ?

Parce que les vies de ces stars furent autant de petits et grands romans d'amour et de rêves, soudain brisés par une mort brutale.

Parce que ces accidents, ces suicides, ces maladies, au lieu d'être simplement tragiques, donnèrent souvent un sens à la vie de ces stars, à leurs œuvres, à leurs joies et à leurs peines, et donc aux nôtres.

La boucle est bouclée. En fait, ces dieux de la nouvelle olympe du cinéma – ces demi-dieux devrions-nous dire – ne furent que des équilibristes sur un fil suspendu entre la vie et la mort.

Merci à ces stars qui, en plus des images qu'elles nous laissèrent et des rêves qu'elles suscitèrent, devinrent des mythes, des modèles dont nous pouvons nous inspirer.

Martine Carol

Elle défraya la chronique, sa vie évolua de scandales en suicides manqués et d'amants célèbres en maris décevants. Pourtant, toujours, elle a su garder le sourire de celle qui avait réussi à concrétiser son rêve d'enfant : devenir une star.

Page de droite : aguichante et désinvolte, Martine Carol à l'époque de ses plus grands succès…

Marie-Louise Mourer naquit le 16 mai 1923 à Biarritz, au temps des années folles de l'après-guerre, durant lesquelles rien ne comptait tant que d'oublier les drames encore récents. Fille de riches industriels installés à Pau, son avenir semblait tout tracé. Elle deviendrait un jour ou l'autre une jolie jeune fille de bonne famille susceptible d'offrir un parti intéressant. Sans doute est-ce dans cette perspective que ses parents lui donnèrent une excellente éducation ? Lorsqu'elle arriva à Paris, à l'âge de sept ans, ils l'inscrivirent à l'école Sainte-Geneviève de Neuilly où elle resta pensionnaire jusqu'à l'âge de quinze ans. Elle ne devait d'ailleurs pas les décevoir puisque tout le monde s'accordait à lui trouver toutes les qualités. Après quoi, comme il sied à une jeune adolescente issu,e d'un milieu privilégié, elle entra à l'École des beaux-arts pour y apprendre la peinture. Elle était si bien élevée, qu'au contraire de ses amies, elle refusait obstinément de poser nue pour les élèves peintres.
Puis un jour, par hasard, elle décida de s'inscrire au cours d'art dramatique de Jean Wall.
Une intuition peut-être ou tout simplement le conseil avisé d'une camarade ? On ne sait. Toujours est-il que pour elle ce fut la révélation. Elle comprit soudain que son désir profond était d'être comédienne, et elle se mit au travail avec acharnement.

Sérieuse et pleine d'ambition, elle choisit alors de suivre l'enseignement de Robert Manuel et très vite chercha tous les moyens de se faire connaître. Ainsi pour son premier engagement au théâtre dans *Phèdre*, mise en scène par Gaston Baty, elle adopta un nom à consonance anglo-saxonne, Maryse Harley. S'il entrait quelque naïveté dans son choix, elle n'en avait pas conscience. Pour elle ce n'était rien d'autre qu'une manière de forcer la main au succès et de sortir de la grisaille de sa vie qui lui pesait. Déjà Marie-Louise Mourer voulait devenir une star, une vraie, comme celles d'outre-Atlantique, dont les frasques défrayaient la chronique cinématographique des magazines. Quelque temps plus tard, alors qu'elle étudiait l'art dramatique au

cours René Simon, Clouzot la remarqua et lui demanda son nom. Il se moqua gentiment de son pseudonyme mais cela ne l'empêcha pas de la présenter à Richard Pottier qui se préparait à réaliser *La Ferme aux loups*. Sans ambages, celui-ci suggéra à la jeune comédienne d'abandonner ce nom ridicule. Elle ne fit aucune difficulté pour obtempérer et, sur un véritable coup de génie, opta pour celui de Martine Carol. Le plus simple des pseudonymes, et donc le plus facile à retenir pour tous les publics. Un vrai nom de star...

Certes dans ce film on la remarqua, mais sans plus. Pas davantage qu'on ne fit attention à elle pour les films qui suivirent : *Trente, quarante*, *L'Extravagante Mission* ou *En êtes-vous bien sûr ?* Autant de films qui ne furent que des demi-succès. Martine n'était qu'une starlette parmi d'autres. Si pour elle cette situation était encore pire que l'anonymat, elle n'était pas de nature à la décourager.
Alors, comme souvent dans sa vie, elle fit des choix extrêmes et décida de modifier totalement son aspect physique. Elle était brune, elle devint blonde. Le dessin de son nez ne la satisfaisait pas, elle le fit changer. Quant à son visage, quelques retouches suffirent à le rendre plus ouvert et plus avenant. Malheureusement, tous ces efforts ne débouchèrent sur rien.
Les producteurs ne lui donnaient pas davantage de rôles à la hauteur de ses rêves.

Ci-dessous : une première tentative de suicide en 1947, après sa rupture avec George Marchal.

UNE PREMIÈRE ROMANCE, UN PREMIER DRAME

Qu'à cela ne tienne ! Si le cinéma ne se montrait pas clément à son endroit, l'amour était plus généreux. Elle était tombée follement amoureuse de Georges Marchal, l'un des jeunes premiers les plus séduisants du cinéma français et, toujours confiante dans la nature humaine, s'en était confiée à des amis journalistes. Ces derniers firent le reste. En quelques mois, Martine devint l'héroïne, souvent malgré elle, d'histoires et de scandales croustillants. Son nom était sur toutes les lèvres, on la reconnaissait dans la rue. Elle s'affichait avec des gens plus ou moins célèbres. À tout propos, on parlait d'elle. Enivrée par la fête, on la disait heureuse, et pourtant...

Sous le maquillage de la galante perçait déjà l'inquiétude, celle qui s'empare de tous ceux qui vivent dans les faux-semblants : ne suis-je donc qu'apparence ? Inquiétude

légitime et tout à son honneur surtout qu'à cette époque, pas plus qu'auparavant, les producteurs ne se montraient convaincus de son talent. Sincèrement désespérée, elle choisit alors une voie qu'elle devait emprunter à plusieurs reprises dans sa vie, et tenta de se suicider en se jetant dans la Seine.
Heureusement, le destin veillait. On la repêcha, et elle en fut quitte pour quelques journées d'hôpital. Bien sûr, beaucoup n'y virent qu'une opération publicitaire. Comment accepter qu'une star soit aussi une femme ? Pourtant, des raisons sérieuses l'avaient poussée à faire ce geste. Entre autres, l'une de ses blessures d'amour qui peuvent entamer les caractères les plus trempés. Georges Marchal, l'homme qu'elle aimait, venait de la quitter. Quoi qu'il en soit, cette tentative de suicide la servit. Comme s'il lui avait fallu en passer par là pour convaincre de son talent, on lui offrit de meilleurs rôles. C'est ainsi qu'on la vit dans *Miroir*, *Carré de valets* d'André Berthomieu et *Les souvenirs ne sont pas à vendre* de Robert Hennion.

LE RÊVE AMÉRICAIN

Revenue au devant de la scène, entourée, adulée, elle recommença à sortir et, un soir de 1948, des amis l'emmenèrent chez Maxim's : le lieu magique des retrouvailles mais aussi des fêtes les plus flamboyantes du Tout-Paris. Pour Martine, cette soirée s'annonçait comme beaucoup d'autres, sinon que cette fois le hasard, ou le destin, la fit s'asseoir, à côté de John Ringling North, le directeur du cirque Barnum aux États-Unis. Âgé de quarante-trois ans, riche à millions, brillant, l'homme avait tout pour la séduire.

Ci-contre : auprès du milliardaire américain John Ringling North, propriétaire du cirque Barnum, Martine vivra une idylle de courte durée.

Page de droite, *en haut* : le mariage de Martine et Steve Crane à Monte-Carlo. Avec lui aussi elle devait connaître un bonheur éphémère.

Page de droite, en bas : la vie auprès de Steve ressemble à une fête continuelle. Mais bien vite, Martine commence à se lasser de cette existence superficielle.

Il la subjugua. Au point que trois mois plus tard, après qu'il lui eût écrit des lettres de plus en plus pressantes, elle partit le rejoindre à New York, où une vie somptueuse l'attendait.
Accueillie comme une grande vedette par la presse américaine, elle s'installa dans le splendide appartement du Walsdorf Astoria que John Ringling North lui avait réservé, et visita en sa compagnie tous les lieux prestigieux de New York. Ce n'étaient que réceptions somptueuses, rencontres avec des célébrités, fêtes et rires. Puis John l'emmena faire le tour des États-Unis à bord de son train spécial. L'opulence, la facilité, voire la futilité étaient de toutes les étapes : Chicago, San Francisco, la Nouvelle-Orléans... Le rêve ! Pourtant, Martine finit par se lasser de ce bonheur artificiel.

Préférant revenir en France, elle écrivit alors à Jacques Prévert, lui demandant de lui trouver un rôle, même modeste. Il lui proposa de jouer la fausse Juliette dans *Les Amants de Vérone* d'André Cayatte. L'offre était tellement inespérée qu'elle l'accepta sans hésiter. Elle revint en France, interpréta son personnage avec bonheur, et obtint un succès mérité. Elle ne s'était pas trompée. Ce rôle marquait le vrai début de sa carrière. Juste après le tournage, elle rencontra Steve Crane, l'ex-mari de Lana Turner, l'un des play-boys les plus en vue d'Hollywood. Ce fut un coup de foudre. Un vrai ! De ceux qui font le bonheur des amoureux qui les vivent mais aussi celui des gazettes quand ces amoureux sont des stars. On écrivait qu'ils s'étaient rencontrés au Georges-V à Paris, que Steve, ébloui par sa beauté,

Ci-contre : Martine fait la fête avec Steve Crane, l'ex-mari de Lana Turner. Ébloui par sa beauté, il lui faisait porter des fleurs tous les jours.

lui faisait porter des roses quotidiennement.
Ils se marièrent immédiatement à Monte-Carlo, et elle habita avec lui durant une année à Eden-Roc. Période bénie, étourdissante, fastueuse ! Dans leur nid d'amour se succédaient toutes les célébrités du cinéma. Encore une fois, on faisait la fête sans se soucier du lendemain. Il y a tellement de lendemains quand on est une star !

Hélas, une fois encore, Martine Carol ne se sentait pas à sa place dans cette vie superficielle et dans le rôle qu'on lui faisait jouer en dehors des plateaux. Peut-être lui fallait-il s'exiler à Hollywood, tenter les producteurs américains, leur faire découvrir que, même hors de ce sérail doré, elle pouvait avoir du talent ? C'est ce qu'elle fit avec Steve. Mais là-bas l'illusion prit tout son sens destructeur. Déçue par l'atmosphère et le manque de propositions sérieuses, elle choisit de revenir en France. Et pour que la rupture fût sans retour, elle divorça de Steve Crane. Sans aucun doute, une page venait d'être tournée dans sa vie... Une autre allait s'ouvrir, avec de nouveaux films, de nouveaux succès et surtout un nouvel amour.

CAROLINE CHÉRIE

Dès son retour, elle enchaîna une série de films où son talent se confirmait de plus en plus : *Méfiez-vous des blondes* de André Hunebelle, *Le Désir et l'Amour* de Henri Decoin, mais surtout *Caroline chérie* de Richard Pottier.
Grâce à ce dernier rôle, une rencontre, une osmose même,

s'opéra entre l'actrice et le personnage. Elle était Caroline, elle n'avait jamais été quelqu'un d'autre. Le public ne s'y trompa pas et assimila immédiatement l'une à l'autre. On la fêtait, on l'adulait, elle faisait la une des magazines, mais cette fois pour son talent unanimement reconnu. Le rêve se réalisait. Martine Carol avait définitivement conquis ses galons de star.
Évidemment, les films suivants furent un succès, en particulier *Adorables Créatures*. Un film important pour l'actrice, certes, mais capital pour la femme : à l'occasion de ce tournage, elle tomba amoureuse du réalisateur Christian-Jaque, un professionnel surdoué, consciencieux et prolifique. Exigeant aussi, au point de lui demander le meilleur d'elle-même. Elle accepta le challenge, comme elle l'avait toujours fait. Auprès de lui, non seulement elle trouva la consécration professionnelle, mais elle découvrit aussi une autre vie, faite de simplicité et de travail mené en commun. Ensemble, amoureux et complices, ils firent *Lucrèce Borgia, Destinées, Madame du Barry, Nana ;* autant de films, parfois classiques, parfois surprenants, en tout cas toujours réussis, qui contribuèrent à imposer au public une image un peu plus « déshabillée » de Martine Carol, plutôt osée mais de bon aloi pour une femme qui était belle, épanouie et talentueuse. D'ailleurs le public en redemandait, alors pourquoi ne pas le satisfaire ?

Toutefois, comme beaucoup de couples de cinéma, celui qu'elle formait avec Christian-Jaque ne résista pas aux contraintes du métier. Toujours par monts et par vaux, toujours sollicités, harcelés, entraînés dans mille projets, ils ne trouvaient pas le temps de se

Page de gauche : à son époque, Martine est l'une des plus belles femmes du cinéma français. Elle sera l'une des toutes premières à jouer des rôles déshabillés.

Ci-contre, en haut : Martine avec Christian-Jaque lors du tournage de *Madame du Barry*, en 1954. Avec ce célèbre réalisateur, elle connut l'amour et le succès.

Ci-contre : dans *Belles de nuit*, René Clair avait réuni Gérard Philipe et Martine Carol, deux des plus grands talents du cinéma français des années cinquante.

consacrer à eux-mêmes. Et comme tant d'autres, ils durent se séparer. Cruelle conclusion, surtout quand on a vécu autant d'aventures communes, partagé les mêmes rêves, les mêmes déboires et les mêmes succès.
En 1955 un nouveau tournant s'amorça dans la carrière de Martine Carol. Max Ophüls lui proposa le rôle de Lola Montes avec comme partenaires Peter Ustinov et Oscar Werner. Pari difficile.
Il ne s'agissait rien de moins que de jouer sous la direction de l'un des plus grands réalisateurs du moment, d'interpréter un rôle difficile proche du cinéma d'auteur, bref de dérouter son public.
Consciente des embûches, Martine Carol accepta néanmoins et se dépassa. De l'avis unanime, ce fut sans doute le plus beau rôle de sa carrière mais aussi le mieux interprété. Pourtant, lorsque le film sortit, ce fut un fiasco...
Bien dirigée, Martine Carol s'y révélait comme une grande actrice. Mais le rôle de cette courtisane déchue qui, après avoir connu la gloire, finit par s'exhiber dans un cirque, ressemblait à une cynique caricature de sa propre existence. Le public ne l'accepta pas.

LE CRÉPUSCULE D'UNE STAR

D'autres succès l'attendaient, tels *Nathalie* de Christian-Jaque, *Austerlitz*, d'Abel Gance ou encore *Le cave se rebiffe*, de Gilles Grangier. De quoi satisfaire sa soif de reconnaissance, ou lui faire oublier pour un temps cette débutante nommée Brigitte Bardot qui, peu à peu, captait sur elle toutes

Ci-contre : Martine et Mike Eland, le dernier homme de sa vie, lors d'une soirée de bienfaisance chez Maxim's en 1965.
Son sourire dissimule déjà une immense détresse.

les faveurs du public. Par ailleurs, sa vie sentimentale n'était toujours pas à la hauteur de ses rêves.
Après s'être séparée de Christian-Jaque, elle avait épousé le docteur Rouveix. Cette union fut un feu de paille. Désormais elle vivait avec Mike Eland, un industriel britannique. Cependant sa santé était chancelante et sa dépendance aux barbituriques et aux drogues trop importante. Malgré les efforts de son mari pour la sauver du naufrage, les blessures d'amour, les échecs de certains de ses films et son mal-être chronique avaient fait leur œuvre.
Irrémédiablement, elle entrait dans le crépuscule de sa vie de star.
Elle ne le supporta pas. Et c'est dans l'une de ces chambres d'hôtel qu'elle affectionnait tant, le « Paris » à Monte-Carlo, qu'on la retrouva morte le 6 février 1967.
L'annonce de sa mort provoqua une surprise, un chagrin populaire, à la hauteur de sa renommée. C'était incroyable, inconcevable, irréel. Ils furent des milliers à l'accompagner dans sa dernière demeure, ou rivés à leur radio et à leur télévision. Avec Martine Carol, c'était toute une époque qui disparaissait. Celle d'un certain cinéma qui alimentait encore les espoirs et les rêves.
Comment une femme aussi belle, aussi souriante, et finalement si simple avait pu ainsi, d'elle-même, mettre un terme à une vie aussi exceptionnelle ?
Évidemment la question reste entière et le demeurera. C'est le privilège des étoiles que de ne jamais donner de réponse.

Page de gauche, en haut : Martine en compagnie du docteur Rouveix. Après de nombreuses déceptions amoureuses, elle croyait avoir enfin trouvé le bonheur. Malheureusement leur union fut un feu de paille…

Page de gauche, en bas : en 1965, Martine Carol n'a plus la faveur du public. Elle se réfugie alors dans ses souvenirs et transforme sa chambre en un musée consacré à sa propre carrière…

Montgomery Clift

Il tourna avec les plus grands, et quelques-unes de ses interprétations figurent parmi les plus remarquables du cinéma. Pourtant, entre drogues et alcool, sa vie fut une longue et douloureuse descente aux enfers. Monty le rebelle ne cessa de refuser la vie.

En 1920, Bill Clift, sa femme Ethel, et leur premier-né William Brooks Jr. s'installent à Ohama dans le Nebraska.
Bill, jeune banquier enrichi dans la finance, loue une maison dans le quartier résidentiel de la ville. Le jeune couple est heureux. C'est l'époque de l'argent facile. On ne lésine sur rien. Sous l'influence d'Ethel, ils reçoivent beaucoup. Pour eux, c'est le temps des années folles telles que les a décrites F. Scott Fitzgerald. Pourquoi ne pas profiter de la vie ?
C'est dans cette ambiance heureuse que, le 17 octobre 1920, Montgomery voit le jour avec sa sœur jumelle Roberta. Tout semble se présenter au mieux pour le futur prodige du cinéma. Les fées se sont penchées sur son berceau...

Seulement les fées sont capricieuses ! Dès l'année suivante, les premières lézardes apparaissent dans le couple. Ethel passe de plus en plus de temps à voyager en Europe avec les enfants, tandis que Bill s'installe à New York où il fait fructifier avec succès ses investissements. Étrange mode de vie qui dissimule en fait une séparation. Bill vient de faire la connaissance de Maria, une brillante attachée de presse, et passe le plus clair de son temps libre avec elle...
Loin de son père, le petit Montgomery n'est pas heureux. Il a beau recevoir une éducation princière, être habillé par les meilleures maisons, apprendre le tennis, le ski, la musique, il souffre non seulement de ces voyages qu'on lui impose, mais aussi de n'être entouré que de femmes possessives et autoritaires : sa mère, Wilkie la gouvernante, sa sœur Roberta. Pour lui, pas question d'amitié durable avec des personnes étrangères à la famille. Il n'est qu'un reclus dans une cage dorée...
Soudain, en octobre 1929, pour Bill Clift comme pour des millions d'Américains, c'est la catastrophe. La Bourse s'effondre et il se retrouve quasiment ruiné.
Néanmoins, l'homme est honnête. Durant les quatre années qui suivent, il travaille avec acharnement pour permettre à Ethel et aux enfants de conserver leur train de vie en Europe. Mais, en 1933, il lui

Page de droite : selon Kevin Mac Marthy, l'un de ses amis, Monty possédait la beauté d'un dieu grec. Il était photogénique, superbe, attachant...

Page de droite : Monty aux débuts de sa carrière. Il ne fait encore que du théâtre, mais les producteurs de cinéma commencent à s'intéresser à lui.

faut se rendre à l'évidence : il n'a plus les moyens d'assumer leurs dépenses et tout le monde doit rentrer aux États-Unis...

Montgomery a alors treize ans. C'est un bel adolescent, déjà secret et silencieux, qui cache son mal de vivre en affectant d'être heureux. Il le fait si bien que tout le monde le croit, mais sa mère, trop possessive, l'étouffe, l'empêche de s'épanouir. Au fil des années et des voyages, il est devenu sa chose... Pour se dégager de son emprise, Monty ne voit qu'une échappatoire : le théâtre. Il en est tellement convaincu qu'il décide de forcer son destin quelques mois après son retour en rencontrant un directeur de troupe à Saratosa, auquel il demande un rôle dans *As Husbands Go*.
Si le directeur accepte, les parents de Monty sont beaucoup plus réticents. Pour eux, le milieu théâtral est un lieu de perdition, surtout pour les jeunes tels que Monty, si fragiles... Mais celui-ci sait se montrer persuasif et obtient finalement leur accord. La pièce est un succès.
Soudain convaincu du talent de son fils, Bill s'acharne alors à lui trouver un nouveau rôle et parvient à le faire engager par Theron Bramberger qui tient un théâtre à Stokbridge. Cette fois-ci, il ne s'agit plus d'un divertissement d'amateur, la pièce *Fly Away Home* va être jouée à Broadway. La première a lieu le 15 janvier 1935. Monty s'y montre déjà exceptionnel...
Cependant, le succès venant, Ethel exerce sur son fils une emprise encore plus tyrannique qu'auparavant. Non seulement elle se mêle de son travail, mais elle le suit partout, l'empêche de se faire des amis parmi les membres de la troupe, en particulier parmi les jeunes actrices qui pourraient le séduire. Monty ne réagit pas. Comme d'habitude, il se réfugie dans le silence...
Cette même année, il est engagé dans une nouvelle pièce, *Jubile*, une comédie musicale de Cole Porter et Moss Hart. Le spectacle reste à l'affiche près de cinq mois. Ce succès l'aide à être engagé dans une pièce de André Birabeau, *Dame Nature*, dans laquelle il se montre à nouveau si brillant que cette fois-ci la critique l'encense : « Le jeune Clift doit composer un rôle extrêmement difficile et s'en tire à merveille. »
Tout semble donc aller pour le mieux pour Monty.
Malheureusement sa mère est toujours là, exerçant sur lui sa tyrannie. Alors qu'il a dix-huit ans et collectionne déjà les succès professionnels, il lui est interdit de sortir le soir avec les filles, d'aller en soirée, bref, de faire la fête. Comme le lui répète Ethel : « Tu ne dois pas gaspiller ton énergie avec les filles... » Évidemment, Monty ne le supporte pas, mais jamais il n'exprime ouvertement sa colère. Comme si devant sa mère il redevenait un enfant incapable de se détacher d'elle. Sans doute, comme il le reconnaît, parfois a-t-il besoin de son autorité rassurante et de l'étroite intimité qui s'est installée entre eux depuis les premiers temps de leurs escapades européennes.

LES PREMIERS SUCCÈS

En 1939, après avoir joué dans *La Mère,* de Karel Capeck, il part se reposer au Mexique. Ce voyage, qui s'annonçait comme un rêve, tourne au désastre. Il y contracte une dysenterie amibienne qui l'affaiblit considérablement. Hospitalisé

d'urgence, il évite l'opération, mais il ne s'en remettra jamais vraiment, au point que durant toute sa vie il ne se nourrira plus que de viande hachée. Pourtant, la chance sait se montrer bonne fille. Au sortir de sa maladie, Monty rencontre deux grands comédiens, Alfred Lunt et Lynn Fontanne, qui cherchent « leur fils » pour la pièce qu'ils montent : *There Shall Be No Night*. Dès qu'ils voient Monty, ils sont convaincus que c'est lui, et l'engagent ! Ils ont raison.
La pièce, présentée à l'Alvin Theatre de New York, obtient un succès sans précédent et reste deux ans à l'affiche !
Dès la fin des représentations, Monty bénéficie de toutes les attentions des producteurs de Broadway. On lui réserve les meilleurs rôles, on lui promet des contrats longs et fructueux, quelles que soient ses conditions... Kevin MacCarthy, l'un des ses amis, lui aussi acteur, définit ainsi le Monty de l'époque : « Il possède la beauté d'un dieu grec. Il est l'incarnation même de l'art dramatique. Il est superbe, photogénique, attachant... » Bref, à vingt-deux ans, Monty a tout pour lui. Désormais, il peut faire ce qu'il veut et ne s'en prive pas !

Ainsi rencontre-t-il Kazan pour le rôle de Caïn dans *The Skin of Your Teeth*. Ce dernier, l'un des maîtres du milieu théâtral, fait la fine bouche pour l'engager : « Je ne veux pas travailler avec un homosexuel », prétend-il. Mais il change rapidement d'avis après les premiers essais. À tel point qu'il prend même la vie de Monty en main. Non seulement il l'aide à mettre en valeur ses qualités d'acteur, mais en plus il l'arrache à l'emprise de sa mère en l'encourageant à habiter seul.
Pour Monty, c'est une véritable bouffée de liberté. Il s'amuse, rencontre des tas de gens, célèbres ou non, défraie la chronique par des

Ci-contre : Montgomery Clift était l'un des comédiens les plus courus de Broadway. Les pièces dans lesquelles il jouait faisaient salle comble durant des mois.

aventures plus ou moins tapageuses. Loin de sa mère, il peut enfin respirer, aimer la vie et vivre sa sexualité librement.
Enfin il est heureux, ou tout au moins croit l'être. Cela transparaît même lorsqu'il est sur scène. Il joue bien, très bien même, au point que la pièce de Kazan affiche complet tous les soirs.
Pour Monty, c'est le succès, le vrai, quand soudain en mai 1942, à nouveau terrassé par une crise de colite aiguë, il est obligé d'abandonner son rôle.
Il doit lutter durant plusieurs semaines pour s'en remettre. Les douleurs sont intenses, les médecines classiques inopérantes. Il commence alors à ingurgiter toutes sortes de drogues pour résister à la douleur, et en particulier des produits à base d'opium comme la codéine. Plus tard, il y mélangera de la vodka, et l'habitude de ces cocktails explosifs ne le quittera plus.
Bien sûr, au regard de ses succès, les propositions du cinéma ne cessent d'affluer. Mais Monty les juge prématurées et les refuse. D'ailleurs il s'en fiche. Il ne pense qu'à s'amuser. C'est l'époque du Monty exubérant. On le voit partout, affichant sa bonne humeur, prêt à toutes les facéties. Décidément, se tenir éloigné de sa mère n'a sur lui que des effets positifs. Pourtant, d'une manière encore imperceptible, perce déjà un autre Monty, beaucoup plus désespéré, dont la blague favorite consiste à se

pendre au balcon de ses amis... Fidèle à sa démarche professionnelle, il signe successivement pour quatre autres pièces *Our Town, The Searching Wind, Foxhole in the Parlor*, et surtout *You Touched Me*, de D. H. Lawrence que Tennesse William vient d'adapter.
Grâce à Monty, le succès est garanti, mais il refuse toujours les propositions d'Hollywood, préférant se jeter à corps perdu dans des amours compliquées et déroutantes, s'afficher avec des hommes, dont Ricky, son amant attitré, en même temps qu'avec de jeunes actrices de théâtre. On lui prête ainsi toutes sortes d'aventures amoureuses, dont une avec Libby Holman, l'une de ses meilleures amies. En fait, ils ne font que sortir ensemble, joyeux et décontractés, buvant autant l'un que l'autre et se droguant avec la même délectation.

C'est au début de l'été 1946 qu'Howard Hawks propose à Monty de jouer dans *La Rivière rouge*, un western dans lequel John Wayne sera son principal partenaire. Monty accepte. C'est pour lui une opportunité exceptionnelle de faire son entrée dans le cinéma.
Les rapports entre Monty et Hawks sont difficiles mais, grâce à John Wayne qui s'est pris d'amitié pour lui, Monty se dépasse et son talent s'impose.
De retour à New York, il refuse de remplacer Marlon Brando dans *L'Aigle à deux têtes* et se jette à nouveau dans une vie de plaisir. On le voit beaucoup en compagnie d'Ann Lincoln qu'il a rencontrée dans la pièce *Foxhole in the Parlor*. On va même jusqu'à dire que c'est sérieux... Illusions de journalistes ! Au dernier moment, Monty quitte la jeune femme pour renouer avec Ricky.

Peu de temps après, Monty rejoint Zinneman à Munich pour jouer dans *Les Anges marqués*. Avec Mira Rostova qui l'accompagne sur tous les tournages, il décide de remanier le scénario. Le producteur accepte. Il a eu raison. Dès sa sortie, le film est un triomphe et, du jour au lendemain, Monty devient une idole internationale.
Paramount lui propose aussitôt un contrat de trois films dont le premier sera *L'Héritière*. Il sera payé 150 000 dollars par film. Jamais on n'a encore fait de telles propositions à un acteur ! On l'encense, on l'adule, il devient « l'étoile montante à l'horizon d'Hollywood ». Époque heureuse, et pourtant son mauvais caractère s'accentue de plus en plus sur les plateaux. Ainsi, durant le tournage de *L'Héritière*, il passe son temps enfermé dans sa loge, ne reçoit jamais les journalistes, sauf pour critiquer Hollywood. Du coup, une nouvelle image lui est accolée : « Monty le rebelle ». Elle plaît au public. Où qu'il se rende, il signe quantité d'autographes et dépense des trésors d'habileté pour échapper à ses admiratrices.

Ci-dessous : Monty en 1950. Il a déjà derrière lui une impressionnante carrière. C'est l'acteur le mieux payé d'Hollywood.

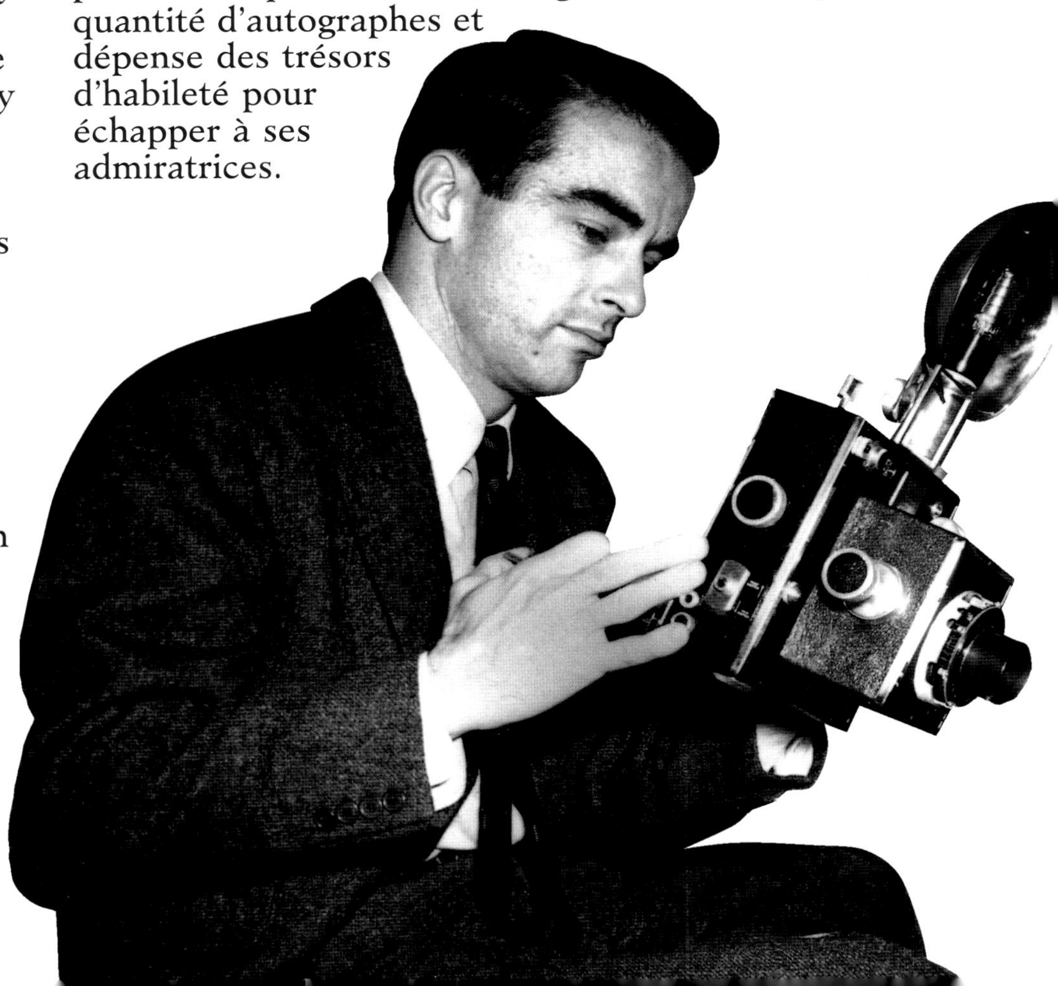

Bref, tout irait pour le mieux dans le meilleur des mondes possibles, si un nouveau partenaire ne s'était invité définitivement dans sa vie : l'alcool.
Monty boit de plus en plus. Mais il le cache si bien que les contrats se succèdent. Il tourne d'abord dans *La Ville écartelée* et enchaîne en 1949 avec *Une place au soleil*, où il fait la connaissance d'Elizabeth Taylor. Déjà star bien qu'elle n'ait que dix-sept ans, elle tombe sincèrement amoureuse de Monty. Lui reste obstinément indifférent à ses avances, mais elle ne lui en veut pas quand elle comprend qu'il est homosexuel. Elle lui dit même : « Je serai toujours là pour être ce que tu voudras que je sois... »

Ci-dessous : Monty avec Elizabeth Taylor dans *L'Arbre de vie*, en 1956. Déjà esclave de la boisson et de la drogue, il trouvera auprès de l'actrice un réconfort qui ne faiblira jamais.

Des mots admirables qui scelleront une amitié indéfectible entre eux jusqu'à la fin.
Avec *Une place au soleil*, Monty devient le plus séduisant jeune premier du cinéma américain mais aussi le plus imprévisible. Son comportement est de plus en plus étrange. Il boit sans arrêt. Certains de ses amis le retrouvent un jour en train de découper son steak sur la moquette, d'autres le voient transporter des ordures dans une Buick Century. Ses troubles s'amplifient, d'autant qu'il prend des analgésiques de plus en plus puissants pour calmer ses douleurs intestinales.
Sur l'insistance de ses proches, il décide alors de consulter le docteur Silverberg, un éminent psychiatre qui lui conseille de changer de vie (!)...
Monty, toujours aussi perfectionniste, décide aussitôt d'interrompre sa carrière pendant deux années pour consacrer plus de temps à la psychanalyse.
Il emménage dans un magnifique appartement, engage une cuisinière et y installe Tino, son petit ami italien. Mais il ne parvient toujours pas à décrocher. À deux reprises, il est hospitalisé pour excès de boisson. Autant de cures inutiles. Désormais, les drogues qu'il ingurgite sont beaucoup trop fortes...

PLUS DURE SERA LA CHUTE

À partir de 1952, Monty enchaîne trois tournages : *La Loi du silence* de Hitchcock, *Station Terminus* de Vittorio de Sica et enfin *Tant qu'il y aura des hommes*, où il retrouve

Ci-contre : *Tant qu'il y aura des hommes* est un triomphe, tant pour Montgomery Clift que pour son partenaire Frank Sinatra. Déjà sous l'emprise de l'alcool, il lutte en entreprenant à cette époque plusieurs cures de désintoxication.

Fred Zinneman avec lequel il s'entend plutôt bien.
Cependant l'alcool continue de faire des ravages durant le tournage.
Il boit aussi sec que son partenaire, Frank Sinatra, et, trop souvent ivre, ne parvient même plus à dire ses textes. Pourtant le film est un triomphe. Les critiques sont unanimes. Monty est alors au faîte de sa gloire.
Toutefois, paradoxe encore invisible pour la plupart, sa chute s'accélère. Il demeure confiné dans son appartement, ne reçoit quasiment plus personne, et boit, boit, boit... Il a vieilli et paraît le plus souvent totalement indifférent à son avenir. D'ailleurs, il s'arrête à nouveau trois années pendant lesquelles il ne fait que classer, annoter et refuser les scénarios qu'il reçoit. Il en rejette ainsi plus de cent cinquante, parmi lesquels des chefs-d'œuvre comme *Une chatte sur un toit brûlant, Sur les quais, La Loi du Seigneur*... Dans ce contexte désastreux, un seul rayon de soleil : Marjorie Stengel, l'infirmière qu'il a engagée à temps plein. Particulièrement attentionnée à son égard, elle lui évitera de sombrer définitivement durant les sept années qui suivront.
En 1956, complètement endetté, Monty accepte enfin de tenir le rôle principal dans *L'Arbre de vie* auprès d'Elizabeth Taylor. Les retrouvailles avec l'actrice lui sont bénéfiques.
Il recommence même à sourire, tout en continuant de se détruire avec l'alcool qu'il mélange à toutes sortes de drogues. Désormais, il affiche son vice comme une provocation, un pied de nez à cette gloire qui l'encombre, comme si elle n'était pas faite pour lui... Se produit alors l'inévitable. Le 12 mai 1956, au retour d'un dîner en compagnie

Ci-dessous : Monty et son amie fidèle Elizabeth Taylor dans *Soudain l'été dernier*, en 1959. Monty boit de plus en plus. Déjà sa beauté légendaire s'est affadie.

Page de droite : Monty en 1959. Sa déchéance physique est telle qu'on doit filmer en décomposant ses mouvements.

d'Elizabeth, de Kevin McCarthy, de Rock Hudson et de Michael Goulding, il s'écrase en voiture contre une falaise. Pendant quelques jours, sa vie ne tient qu'à un fil, on le croit mort. Mais l'homme est coriace.Il s'en tire seulement avec un mois d'immobilisation absolue qu'il passe dans sa villa de Sunset Boulevard, en attendant que ses plaies se cicatrisent. Seulement Monty n'aime pas attendre. Alors il boit pour oublier ce mal qui le ronge depuis son enfance et dont il ne s'est jamais remis : l'absence de son père et la tyrannie de sa mère. Dieu, qu'il les hait ses parents ! D'ailleurs, il ne s'en cache plus, et le clame à qui veut l'entendre. Eux seuls sont responsables de ce désespoir qui le mène à sa perte ! Il boit tellement qu'il est dans un état lamentable quand les prises de vues de *L'Arbre de vie* reprennent. Le matin, il prend des amphétamines, le soir des calmants. Durant la journée, il continue de boire et se livre à toutes sortes d'excentricités qui n'amusent plus que lui. Il est tellement drogué que la plupart du temps il faut le filmer en décomposant les mouvements. En octobre, quand le film est terminé, c'est un soulagement pour tout le monde. Mais cette fois-ci, la chute de Monty est connue de tous. Il n'est plus que l'ombre de lui-même. Sa beauté légendaire s'est affadie, ses traits se sont épaissis, son regard a perdu de son intensité. Il est devenu un pauvre hère se déplaçant avec son sacro-saint Thermos rempli… de jus d'orange !

Curieusement, malgré son état, les producteurs continuent de lui faire confiance. Ainsi on l'engage pour tenir le rôle de Noah dans *Le Bal des maudits*, auprès de Marlon Brando et Dean Martin. Conjuguant fragilité et détermination dans sa manière de jouer, il s'y montre très émouvant et, une nouvelle fois, malgré le Thermos qu'il traîne avec lui et auquel il boit à plein goulot, il réussit une performance, et le film fait un triomphe.
Pourtant, à cette époque, Monty n'est plus qu'une épave. À tel point que Marlon Brando tente de le persuader d'adhérer aux Alcooliques anonymes avec lui. Mais le docteur Silverberg qui suit Monty prétend que l'alcool n'est pour rien dans l'état de son patient ! Curieux diagnostic quand on sait que désormais Monty tombe malade pour un oui ou pour un non, que tout son système nerveux est atteint et qu'il souffre le martyre…
En même temps il ne supporte plus la solitude. Il lui faut toujours quelqu'un à ses côtés. Il appelle ses

amis à n'importe quelle heure du jour ou de la nuit pour les supplier de venir lui tenir compagnie... Désormais, il ne peut plus travailler que le matin. C'est le seul moment de la journée durant lequel il se souvient de ses textes.
Il joue encore dans *Lonely Hearts* de Jack Donahue, puis sa carrière piétine. Maintenant les producteurs ont compris. Ils ne lui font plus confiance. Monty, de crises de delirium en comas éthyliques, ne se rend même pas compte de la gravité de la situation.
Il faut à nouveau l'intervention heureuse d'Elizabeth Taylor pour le tirer de son isolement. Elle l'impose, pour ainsi dire, dans *Soudain l'été dernier* auprès de Katherine Hepburn et Sam Spiegel. Sur le plateau, tout le monde s'occupe de lui, l'aide à apprendre ses textes, même Mankiewicz, qui le filme en plusieurs séquences pour le tirer d'affaire. Tournage éprouvant, mais le film rencontre un immense succès. Si l'homme est délabré, le mythe reste intact. Monty attire toujours autant les foules...

AU FOND DU GOUFFRE

Du coup, Kazan lui confie un rôle dans *Le Fleuve sauvage*. Par respect pour son ancien maître, Monty s'astreint à n'être jamais saoul sur le plateau. Mais, dès que les prises sont terminées, il retourne aussitôt à son thermos de jus d'orange... vodka et drogues. Même attitude de perdition sur le tournage du film *Les Désaxés*, où il se lie d'amitié avec Marilyn Monroe, confrontée aux mêmes démons que lui.
Il enchaîne aussitôt avec *Jugement à Nuremberg* où il doit interpréter le

Ci-dessus : dans *Jugement à Nuremberg*, en 1961, Monty se montre fantastique. Pour une fois, l'alcool a joué un rôle bénéfique pour lui en le rendant encore plus pathétique.

Page de droite, en haut : Monty dans *Freud* de John Huston. Leur mésentente fera du tournage un enfer.

Page de droite, en bas : Monty dans son dernier film, *L'Espion*, de Raoul Lévy. Il est déjà trop tard.

rôle d'un juif attardé mental et castré par les médecins nazis. Bien qu'il ingurgite de grandes quantités de vodka et qu'il ait fallu de nombreuses prises pour obtenir sa fameuse séquence de sept minutes sans interruption qui constitue le sommet du film, Monty est jugé fantastique par l'équipe et le réalisateur. Pour une fois, l'alcool a joué un rôle bénéfique pour lui. Le léger delirium dont il est atteint a accentué la fragilité du personnage confronté aux horreurs de son passé et l'a rendu ainsi plus crédible.
Complètement rasséréné, Monty accepte alors le rôle de *Freud* que John Huston a décidé de mettre en scène. Pour Monty, c'est le film de sa vie qui s'annonce...
Malheureusement, Huston n'est pas le metteur en scène de la situation. Aussi paradoxal que cela puisse paraître, il refuse en bloc les théories de Freud ! Cela dégrade encore davantage ses relations avec Monty, d'autant qu'il ne supporte pas son homosexualité. Le film se termine péniblement et ne sera jamais un succès.
Atteint d'une grave cataracte, complètement épuisé par le terrorisme de Huston, Monty revient à New York avec Jean, son ami du moment. Cette fois-ci, les producteurs alarmés par l'échec de *Freud*, ne lui font plus d'offre. Plus personne ne veut l'assurer. Cela dure quatre années qui peuvent se résumer en quelques mots : solitude, amertume, ivresse et maladie. Il est opéré à plusieurs reprises de la cataracte, Jean le quitte après avoir été lui-même hospitalisé pour alcoolisme aigu.
En 1964, Monty engage Lorenzo, un jeune Noir, pour lui servir d'infirmière. À cette époque, il boit moins, et pour cause, il ne supporte même plus l'alcool, et vomit dès qu'il en prend. Pourtant, bien qu'il soit devenu une épave, et alors que la plupart de ses amis lui tournent le dos, il veut encore jouer. Chimère pour un homme qui ne pèse plus que cinquante kilos et qu'il faut mettre sous la douche tous les matins pour le tirer de son coma éthylique.
Pourtant, il a bientôt une lueur d'espoir. Elizabeth Taylor, qui ne l'a pas oublié, a accepté de mettre son salaire en gage, soit un million de dollars, pour assurer Monty dans le film *Reflets dans un œil d'or*. Mais le tournage ne doit avoir lieu qu'en septembre 1966.
Entre-temps Raoul Levy lui propose de jouer dans *L'Espion*. Navet s'il en est, ce film permet tout de même à Monty de montrer à la Warner qu'il peut encore être crédible pour *Reflets dans un œil d'or*...
Et puis la vie reprend son cours, jusqu'au 22 juillet 1966. Ce matin-là, Lorenzo vient chercher Monty pour

le mettre sous sa douche. Il le trouve allongé sur le lit. Comme souvent, il a vomi durant la nuit. Mais ce matin, il ne bouge pas du tout. Quand Lorenzo soulève le corps, il sent qu'il n'a jamais été aussi inerte. Il vérifie son pouls. Monty est mort.
Le médecin qui procède à l'autopsie constate un infarctus du ventricule gauche, une grave artériosclérose des trois principales artères coronaires et un infarctus du myocarde.

Trois jours plus tard, une chapelle ardente est dressée dans une agence funéraire afin que ses amis puissent venir se recueillir sur sa dépouille. Puis les obsèques ont lieu en l'église épiscopale de St.-James. Peu de monde y assiste. La famille bien sûr, Ethel, Roberta et Brooks. Un peu plus loin, on reconnaît Lauren Bacall en larmes, Nancy Walker qui l'a accompagné durant quelques années, puis quelques autres comédiens plus ou moins connus. Cette assemblée est bien à l'image de sa vie... disparate et triste.
On remarque de nombreux absents, dont Elizabeth Taylor retenue à Londres, Kevin McCarthy en tournée, Roddy McDowall qui a été appelé d'urgence à Hollywood et Rick qui n'a pas eu le courage de venir. Le service n'a duré qu'une demi-heure.
Le cercueil est transporté au son d'une musique de Bach. Il fait gris. Une pluie fine tombe sans discontinuer. Dehors, des jeunes curieux attendent d'apercevoir une star afin de lui soutirer un autographe.
On fonce au cimetière. Seule la famille assiste à la mise en terre. Comme Monty l'a souhaité, aucune stèle ne marque sa tombe. Le plus long suicide de l'histoire du cinéma est enfin achevé.

JAMES DEAN

Révolté et génial, il a fait ce qu'il voulait faire, jusqu'au bout, sans concession et à un rythme d'enfer. Sans doute parce qu'il pressentait que sa vie serait courte. Elle le fut, justement pour cause de vitesse excessive...

JAMES naît dans l'Indiana, le 8 février 1931. Fils de Winston Dean, fabricant de prothèses dentaires, et de Mildred, pianiste et poète, l'enfant est très précoce. Il manifeste sans cesse une curiosité insatiable pour ce qui l'entoure. Plus tard, au cours d'une interview, il déclarera lui-même : « J'étais un drôle d'enfant prodige. »
Les premières années de son enfance sont marquées par l'amour exclusif et complice qu'il partage avec sa mère. Malheureusement, celle-ci meurt en 1940. Une perte irréparable pour le petit Jimmy, qui ne s'en remettra d'ailleurs jamais tout à fait. Durant sa courte vie, il y fera souvent référence comme à une absence irrémédiable.
Sa mère disparue, il est recueilli par oncle Marcus et tante Hortense, fermiers dans l'Indiana. Pour Jimmy, c'est une chance. Il renoue avec la joie de vivre grâce au travail qui l'accapare. Il adore s'occuper du bétail, de l'élevage de poulets, et consacre le reste de son temps à la pêche à la carpe, au hockey sur glace, et surtout à la moto. Déjà la vitesse le grise, cette vitesse qui finira par le tuer...
En ces années de jeunesse, son caractère se dévoile de plus en plus. C'est d'abord un casse-cou, toujours à la limite de l'accident. Vite, plus vite, toujours plus vite semble être sa devise.
Et puis, trait de caractère qui domine déjà dans tout ce qu'il entreprend, il est solitaire et têtu. Tante Hortense le déclara plus tard : « Il n'y avait pas moyen de forcer James à faire ce qu'il ne voulait pas. »

À quinze ans, il entre à la High School de Fairmount. Il s'y montre tout de suite un remarquable joueur de basket, mais déjà son fichu caractère lui joue de mauvais tours. S'ils reconnaissent son efficacité, ses camarades lui reprochent d'être trop indiscipliné et individualiste. Ce caractère frondeur plaît cependant au révérend père James A. de Weerd qui se lie d'amitié avec lui et prend son éducation en main. Très vite, il discerne chez Jimmy des aptitudes qui vont bien au-delà de celles de ses condisciples et parvient à l'intéresser à la lecture, au cinéma, à la musique et à la sculpture. Jimmy est un élève docile. Il veut

Page de droite : James Dean en 1955 durant le tournage de *Géant*, le film qui en fit l'acteur mythique de la jeunesse américaine.

Ci-dessous : James Dean adolescent, déjà convaincu de son talent, recherche la gloire à tout prix.

Page de droite : quelques-uns des portraits promotionnels de James Dean que collectionnaient les jeunes filles américaines.

apprendre toujours plus, comme si déjà il lui fallait prendre de l'avance. Au cours de ses découvertes, il se prend soudain d'une passion exaltée pour la corrida. La lutte entre l'homme et l'animal, où chacun frôle le danger jusqu'à ce que la mort les départage, est pour lui le symbole même de la vie…
Il manifeste aussi un enthousiasme démesuré pour la course automobile et ne rate jamais les 500 miles d'Indianapolis. La vitesse, les carambolages spectaculaires avec leur cortège de bruit et de fureur grisent l'adolescent qui brûle d'en découdre au volant.
Jimmy est un bon élève, sérieux même, et c'est avec le même enthousiasme qu'il s'investit dans le club théâtral de l'école. On lui confie ses premiers rôles dans *Gone With the Wind*, *La Patte du singe* de W. W. Jacob et dans *Nos cœurs étaient pleins de jeunesse et de gaieté*. Il y fait montre d'un talent et d'un tempérament exceptionnels.
Son professeur, miss Nall, décide alors de lui faire passer le concours de la National Forensic League. Jimmy échoue, mais uniquement « pour cause d'anticonformisme ». Qu'à cela ne tienne ! L'adolescent est certain d'avoir désormais trouvé sa voie. Il sera acteur. Sans aucun doute ces quelques années d'apprentissage théâtral auront été décisives. Plus tard, d'ailleurs, il le confirmera au cours d'une interview : « Quels que soient mes dons d'acteur, c'est là qu'ils se sont cristallisés. »
À dix-huit ans, il part à Santa Monica, en Californie, pour rejoindre son père, qui l'inscrit au collège de la ville.
De nouveau, il entreprend quantité d'activités. Il s'intéresse à tout. Non seulement il réussit dans ses études mais anime aussi la radio du collège, relance l'équipe de basket, et assoit une réputation de séducteur irrésistible grâce à de nombreuses conquêtes féminines. Toujours passionné de théâtre, il monte une pièce intitulée *Ce n'était qu'une simple fille de fermier*. L'un de ses amis d'alors le décrivait comme un homme de la Renaissance : « Tout le passionnait. Il avait le sentiment qu'il pouvait réussir dans tous les domaines. »

Mais le temps passe vite pour Jimmy. Il est l'heure maintenant d'entrer à l'université, ce qu'il fait en s'inscrivant à UCLA, l'université de Californie-Los Angeles. Cependant, en quelques mois, l'adolescent a changé. Dans ses préoccupations le théâtre a supplanté les études. Sa fougue, son enthousiasme, c'est à la scène qu'il veut les consacrer. Pour la représentation de *Macbeth* en fin d'année, il fait tout pour être sélectionné dans le rôle du prince

Malcom, et y réussit. Pour lui, c'est le bonheur absolu, au point d'écrire à cette époque : « C'est un rêve, mais surtout que personne ne me réveille. » Seulement son jeu ne satisfait pas la critique locale qui l'exécute : « Malcom avait l'air d'un enfant gâté et aurait fait un triste roi. » Évidemment, Jimmy n'est pas de cet avis et il l'écrit : « J'ai été à la hauteur de mon rôle et j'ai prouvé que j'étais capable de tenir ma place sur une vraie scène. »
Toutefois, cet épisode désagréable pour Jimmy, qui se voit ainsi contesté dans ces certitudes, ne laisse aucune trace. Il continue de croire en lui plus que jamais. À cette époque, il se lie d'amitié avec l'un de ses camarades, William Bast, et emménage avec lui. Puis « il fait la vie », comme tous les garçons de son âge...

« ÊTRE LE MEILLEUR »

Mais les cafés, les night-clubs et les aventures amoureuses sont difficilement conciliables avec des études universitaires, et Jimmy échoue à ses examens. Il est alors prié de quitter l'université. Si William, son ami, le déplore, lui s'en fiche. Sa vocation est ailleurs, elle est dans le théâtre, et elle est intacte. Il en est tellement convaincu qu'il le clame haut et fort : « Je ne veux pas simplement être le meilleur. Je veux arriver à un tel point que personne ne sera jamais capable de m'égaler. » Fidèle à ses convictions, il décide alors de tenter sa chance et prend un agent, Isabelle Dreasmer. Celle-ci lui trouve son premier rôle : danseur de boogie-woogie devant un juke-box pour une publicité de Pepsi. Bien sûr, ce n'est pas encore la gloire, mais Jimmy s'en accommode. Non seulement cela lui rapporte un peu d'argent, mais c'est aussi une première occasion de se faire remarquer. En même temps, sur les conseils de son agent, il suit les cours de l'acteur James Whitmore, formé à l'Actor's Studio. Manière de mettre toutes les chances de son côté. Comme tous les apprentis comédiens, il auditionne beaucoup et finit par obtenir un rôle dans *Colline n° 1*. Sa forte personnalité fait impression sur le metteur en scène, mais malheureusement aucun autre engagement ne suit. Jimmy a beau être convaincu de son talent, il se décourage. Alors il traîne, se laisse aller, vit aux dépens de son ami William et drague les filles...

S'il est heureux ainsi, William l'est beaucoup moins, et il finit par le jeter dehors.
Jimmy trouve alors un emploi de gardien de parking à la chaîne de télévision CBS où il fait la connaissance de Ralph Lévy, un réalisateur qui l'utilise parfois comme extra. Il y rencontre également Rodgers Brackett, réalisateur de radio, qui l'engage pour six émissions. Les deux hommes s'entendent bien et Jimmy s'installe chez lui. Une nouvelle vie commence pour le jeune homme plein d'ambition.

Brackett est certain du talent de son protégé. Il lui fait découvrir la littérature, l'introduit dans le milieu artistique et lui trouve un premier rôle dans *La Polka des marins* avec Jerry Lewis, un deuxième dans *Baïonnette au canon* de Samuel Fuller, et un autre dans *Has Anybody Seen My Gal ?* de Douglas Sirk. Mais Jimmy n'est pas satisfait. Il ne veut plus de ces petits rôles. Il rêve d'autre chose, et en fait part à son professeur James Whitmore qui lui conseille de partir

Ci-dessus : tout passionnait James Dean, y compris la musique. Il disait souvent qu'il avait le sentiment de pouvoir réussir dans tous les domaines.

Page de droite : James pendant le tournage de *À l'est d'Éden*, qui reçut un accueil triomphal de la jeunesse du monde entier.

à New York. Là-bas, lui dit-il, les opportunités seront plus nombreuses. Jimmy l'écoute et s'y rend, mais la ville immense, bruyante et anonyme le terrorise au point qu'il reste cloîtré dans la chambre de son hôtel durant plusieurs semaines. Du coup il s'installe au YMCA, une auberge de jeunesse, où, pense-t-il, il retrouvera des jeunes de son âge. Évidemment, les contrats ne pleuvent pas. C'est tout juste s'il arrive à décrocher un job à la télévision à cinq dollars l'heure ! Pas de quoi combler ses ambitieuses aspirations ! Alors, comme d'habitude, il fait tout pour échouer et se remet à traîner.
À cette époque il rencontre Dizzy, une vague chanteuse aussi paumée que lui et complètement fauchée. Ils tombent amoureux et décident d'habiter ensemble. Les quelques mois passés avec elle furent parmi les plus heureux de sa vie, comme il le dira souvent par la suite.

Et puis soudain, en février 1952, le destin semble se montrer plus clément à son égard. Coup sur coup, il est engagé pour une émission radiophonique, *The Web*, et pour une dramatique télévisée, *Martin Kane*. Hélas, dans les deux cas il se montre tellement désagréable avec tout le monde qu'il est renvoyé.
Pour le couple, c'est la catastrophe. Ni l'un ni l'autre ne gagnent d'argent. Prêt à accepter n'importe quoi, Jimmy fait alors de la figuration aux Studios One.
Par ces étranges hasards de la vie, il y retrouve Rodgers Brackett. Jimmy quitte alors Dizzy et s'installe chez le réalisateur qui lui trouve un rôle dans une émission de radio : *Prologue to Glory*. Une bonne nouvelle arrivant rarement seule, il apprend peu après que son vieux copain William vient, à son tour, s'installer à New York. Jimmy est tellement heureux de le retrouver qu'il s'installe chez lui. Mais cette fois-ci, promis, plus question de vivre à ses crochets. Il trouvera du boulot !
Facile à dire, moins facile à faire ! Surtout que Jimmy, avec son fichu caractère, continue de se faire une sale réputation dans le milieu.
Par exemple à l'Actor's Studio où il a eu la chance d'être sélectionné par Lee Strasberg, dont il n'accepte pas les critiques ; dès le premier cours du maître, celui-ci le renvoie aussitôt. Pour Jimmy, le coup est rude. Découragé, il passe à nouveau quelques auditions, mais sans succès. New York finit par le dégoûter. Il décide alors de partir dans sa famille en Indiana, avec William, histoire de retrouver ses racines.
Il ne s'est pas trompé. Les quelques semaines qu'il passe là-bas lui font un bien fou. Il y retrouve les émotions de son enfance, les joies de la vie en plein air au contact de la nature et des animaux.
Il commence même à oublier ses déboires quand soudain il est rappelé à New York pour passer une audition. Il s'agit d'interpréter au théâtre le rôle d'un pauvre garçon séquestré dans *See the Jaguar*. Jimmy est accepté et commence aussitôt les répétitions. Le metteur en scène, Gordon, déclarera plus tard :
« J'ai trouvé ses intuitions merveilleuses. Jimmy avait le courage d'aller jusqu'au bout de son rôle. Je crois que dans cette pièce, il a donné le meilleur de lui-même. Je ne l'ai jamais vu faire mieux, même au cinéma. »
La première a lieu le 3 décembre 1952. Les critiques concernant le débutant James Dean sont excellentes.
Ce premier succès constituant un début de reconnaissance publique,

les engagements deviennent plus faciles. Les émissions de télévision se succèdent à un rythme soutenu. Il fait également du théâtre, mais surtout, il se réconcilie avec « le Pape » Lee Strasberg et revient suivre les cours de l'Actor's Studio. En quelques mois, Jimmy voit sa célébrité grandir. Les critiques s'intéressent à ce jeune acteur qui monte, on lui fait de plus en plus de propositions. Pour lui, qui a tellement attendu ce moment, c'est l'époque des excentricités. Il a toujours un pistolet sur lui. Il s'assoit sur une chaise au milieu d'une rue à grande circulation... Mais on lui pardonne tout. Les jeunes le trouvent beau, provocateur, en rébellion contre l'ordre établi. En 1954, Jimmy reparaît sur scène dans *L'Immoraliste*, une pièce de Herman Shumlin, d'après le roman d'André Gide, avec Louis Jourdan et Géraldine Page comme partenaires. Encore une fois, Jimmy trouve le moyen de se mettre tout le monde à dos lors des répétitions, encore une fois il évite le renvoi de justesse. Heureusement, la pièce obtient un grand succès. À nouveau on oublie tout...

À L'EST D'ÉDEN

Lors de la générale de la pièce, la chance est au rendez-vous. Paul Osborn, qui travaille à l'adaptation du roman de Steinbeck *À l'est d'Éden*, est dans la salle. Il trouve Jimmy excellent et pense aussitôt à lui pour un rôle. Dès le lendemain, il téléphone à Elia Kazan pour lui demander son avis. Ce dernier est déjà convaincu. « Le problème, dira-t-il plus tard, n'était pas de savoir si Jimmy pouvait ou non

Ci-dessus : Sal Minéo, James Dean et Natalie Wood, les héros de *La Fureur de vivre*. Tous les trois devaient connaître un destin tragique...

tenir le rôle, car celui-ci semblait avoir été écrit pour lui ! » Aussitôt le contrat est signé, et Jimmy s'installe à Hollywood. Cette fois-ci, sa vie a pris une tournure définitivement différente. Il est comédien, il est reconnu, l'avenir lui appartient... Le tournage du film commence en mai, dans la ville de Salinas entièrement reconstruite en studios. Kazan parvient à amadouer Jimmy au point d'en faire un autre homme. On le découvre ponctuel, respectueux des autres, appliqué dans son travail. Bref, le tournage s'opère dans les meilleures conditions.

L'amour aussi est au rendez-vous. Sur le plateau, il rencontre Pier Angeli, une jeune actrice de vingt ans découverte par Vittorio de Sica et promise au plus bel avenir. Ils ne se quittent plus. Jimmy le reconnaît : « Avec elle je peux parler, elle me comprend. » Il est bientôt question de mariage, mais Jimmy hésite trop et la jeune fille finit par se marier avec Vic Damone.

Pour Jimmy, c'est la catastrophe. Cette fois il y avait cru !... connaître le bonheur dans les bras d'une femme qui, comme lui, incarnait ces valeurs auxquelles croyait la jeunesse américaine ! Dépressif, il se réfugie alors dans le travail.

Il tourne beaucoup pour la télévision, fréquente les cours de Jeff Corey et cherche à oublier Pier dans les bras d'autres femmes : Susan Srasberg, Loïs Nelson, Terry Moore se succèdent dans sa vie mais sans s'y fixer.

Heureusement, lors de la première projection de *À l'est d'Éden*, c'est de la folie. La jeunesse américaine fait un triomphe au film. James Dean est devenu son modèle. Pas un garçon qui ne veuille lui ressembler, pas une fille qui ne rêve de le conquérir – déjà des milliers de lettres lui sont adressées –, pas une journée sans un article dithyrambique dans la presse ou une interview à la télévision et à la radio. Pour Jimmy le triomphe est là, aussi gigantesque qu'inattendu. En quelques semaines il est devenu l'une des vedettes les plus en vue d'Hollywood. Cependant, le destin n'est pas exempt de contradictions. Malgré son énorme notoriété, Jimmy reste inemployé par la Warner. Il tourne en rond, subissant chaque jour plus sévèrement le contrecoup de son succès. Il préfère alors retourner à New York pour quelques séries télévisées, il va également revoir son oncle et sa tante dans l'Indiana. Partout où il va, il est accompagné par Dennis Stock, un reporter de *Life* qui l'immortalise dans une série d'articles louangeurs. De retour à New York, Jimmy a plein de projets dans la tête : un film sur les toréadors, sur Woodie Guthrie. Il réalise quelques courts métrages, revoit son amie Dizzy avec plaisir. Mais rien n'y fait. Ne pas pouvoir tourner le déprime. Il devient insupportable à beaucoup de ses amis. On l'appelle le sale gosse. Il tente alors une psychanalyse pour s'en sortir, mais il abandonne très vite pour à nouveau quitter New York et se lancer dans la course automobile, l'une de ses premières passions. À la Warner, on se rend compte que l'inaction lui pèse. La compagnie lui propose alors un nouveau contrat. Il recevra 15 000 dollars pour chacune des productions auxquelles il participera. Nicholas Ray vient de lui proposer le script de *La Fureur de vivre*, dans lequel se trouve un rôle en or pour Jimmy. Ce dernier accepte avec enthousiasme. Enfin, il va tourner à nouveau, démontrer qu'il a du talent à revendre. Il est d'autant plus heureux qu'il s'entend à merveille avec Nicholas Ray et qu'il retrouvera toute une bande de jeunes acteurs, Sal Minéo, Natalie Wood, Jack Simmons, bourrés de talent, comme lui ! En attendant le début du tournage, Jimmy participe à sa première course automobile professionnelle, à Palm Spring. Contre toute attente, il remporte la victoire après avoir fait preuve d'une virtuosité et d'un courage exceptionnels. Ken Miles, l'un des pilotes professionnels qui

Ci-dessous : James Dean, avec son mécanicien Rolf Wutherik, conduit la Porsche au volant de laquelle il devait trouver la mort en se rendant à la course automobile Carrena Americana.

Ci-dessus : l'affiche du film *La Fureur de vivre* qui vaudra à James Dean d'être reconnu comme le meilleur acteur de sa génération.

participaient à la course, le jugera ainsi : « Il n'y avait que la vitesse qui l'intéressait, il voulait parcourir l'espace avec son corps, le plus possible, il fonçait. Il prenait toujours le chemin le plus court, sans se soucier des obstacles. »

Peu de temps après, commencent les premières prises de vue de *La Fureur de vivre*. Aussitôt, Jimmy s'assimile complètement à son personnage. Il exige de vrais couteaux dans la scène du combat et refuse de se laisser doubler dans celle du *Chikie Run*. Désormais, personne ne doute de son courage ni de son talent. Surtout pas George Stevens qui l'engage pour *Geant*, le film qu'il est en train de préparer.

Le tournage à lieu à Marfa, au Texas. Jimmy interprète le rôle de Jett Rink avec enthousiasme. Pourtant, il ne s'entend pas avec le réalisateur, et ses relations avec le reste de l'équipe sont mauvaises. Seuls Liz Taylor et Dennis Hopper le comprennent et le soutiennent. Malgré les difficultés, on parvient quand même à mettre le film en boîte, et Jimmy part aussitôt s'installer à Hollywood dans une nouvelle maison. Là, il connaît une courte idylle avec Ursula Andress, se réconcilie avec George Stevens, puis, toujours poussé par sa soif de connaissances, il s'initie au bouddhisme, à la peinture moderne, aux arts martiaux et à la sculpture. Jimmy se sent beaucoup plus équilibré, heureux même. Ses excentricités se font plus rares.

VIVRE VITE, TOUJOURS PLUS VITE...

En novembre 1955, repris par ses vieux démons, il s'inscrit dans de nouvelles courses automobiles auxquelles il participe avec la Porche 550 Spyder qu'il vient d'acheter.

Page de droite : James Dean dans *Geant*, à Marfa, au Texas. Le dernier film d'une vie trop courte.

Ci-contre : James Dean en compagnie d'Ursula Andress, avec laquelle il connut une brève histoire d'amour.

Page de droite : James Dean en compagnie de Liz Taylor avec laquelle il se lia d'amitié lors du tournage de *Geant*.

Vitesse compteur : 300 km/h. Il n'a jamais été aussi vite, n'a jamais conduit aussi bien. Il commence même à caresser le rêve de se reconvertir en pilote de course. Dans le même temps, il signe pour deux téléfilms : *Le blé est vert* et *The Battler*, et pour un film : *Somebody Up There Likes Me*[1]. La route de Jimmy est toute tracée, la vie est belle.
Il s'inscrit alors à la course « Carrena Americana » qui doit se dérouler sur plus de 300 km de la Pan American, cette route si longue et si droite qui traverse les États-Unis. Le 30 septembre, il quitte Hollywood pour se rendre au départ, à Paso Robles. Évidemment, il se fait arrêter pour excès de vitesse, récolte une contravention. Mais qu'importe ! Il est riche, il est célèbre et la vitesse est sa compagne préférée. Alors il fonce de nouveau. Encore plus vite, puisqu'il est sur l'autoroute 66, toute droite, si tentante…
La mort ne s'annonce pas. Pourtant, elle est là, cachée par le soleil que Jimmy a dans les yeux. Exactement à l'intersection des routes 41 et 466, quand Donald Turnuspeed, un étudiant prudent et respectueux des limitations de vitesse, débouche tranquillement sur l'autoroute…
Le choc est terrible. Jimmy s'est brisé la nuque. Il est 17 h 45. James Dean est entré dans la légende.
Ses obsèques donnèrent lieu à des scènes délirantes telles qu'on n'en avait plus vues depuis l'enterrement de Valentino. On mesura alors à sa juste valeur la notoriété de James Dean. Il n'était plus seulement un jeune acteur talentueux fauché par une mort précoce, mais un vrai mythe qui avait su incarner les valeurs immortelles de la jeunesse. Quelques années après sa mort il recevait encore plusieurs milliers de lettres. Aujourd'hui, de nombreux fan-clubs très actifs entretiennent sa mémoire. Il fut et reste l'exemple parfait d'une vie vécue avec intensité et authenticité.
Sans doute, était-ce le sens de ces quelques phrases prononcées par le révérend père de Weerd en guise d'oraison funèbre : « Nous ne pouvons pas mesurer la vie en heures et en minutes, pas même en jours ou en années. La vie de Jimmy fut courte. Mais, dans ce bref espace, n'a-t-il pas fait plus et mieux que nous tous dans notre vie ? »

Ci-dessous : James Dean dans *À l'est d'Éden*. La ville de Salinas où se situait l'action avait été complètement reconstruite en studios.

1. *Marqué par la haine*, de Robert Wise, qui sera finalement tourné avec Paul Newman.

PATRICK DEWAERE

Secret, complexe, déchiré, il a interprété des rôles qui lui ressemblaient jusqu'à devenir le symbole d'une jeunesse qui ne se reconnaissait pas dans la société contemporaine. Il en a tiré les conséquences... trop tôt

Ci-dessous : Patrick à quatorze ans dans *La ville dont le prince est un enfant.*

PATRICK est né dans une famille de comédiens, les Maurin... alors son destin était tracé, diront certains. Les fils de boulangers mangent des gâteaux, les fils de menuisiers se coupent les doigts, pourquoi les fils de comédiens ne

joueraient-ils pas la comédie ?
Le départ est rapide. À l'âge de quatre ans, il fait ses premiers pas, encore très incertains dans *Monsieur Fabre* de Henri Diamant-Berger.
Le petit Patrick, qui est encore loin d'être un acteur, se contente de bien faire son travail. Entre 1955 et 1957, il tourne cinq films sous la direction, entre autres, de Marc Allégret et Henri-Georges Clouzot. Même si les rôles étaient très secondaires, c'est là un palmarès qui ferait rêver plus d'un acteur...
Jeunesse ! Jeunesse ! Le jeune Patrick Maurin a disparu. Il s'est métamorphosé en Patrick Dewaere.
Souvent les femmes sont inspiratrices et révélatrices d'un talent, pourtant c'est un homme qui jouera ce rôle auprès de Patrick : un homme, Romain Bouteille, et un théâtre : le Café de la Gare.
C'était un tout petit théâtre, inconnu du grand public. Seuls quelques « aficionados » hantaient régulièrement cet endroit. La foule préférait encore les néons des grands boulevards.
La foule n'est pas chercheuse de talents. C'est son droit. Mais pendant qu'elle courait voir

Ci-contre : Patrick en compagnie de Miou-Miou, le grand amour de sa vie, qu'il rencontra au Café de la Gare – où explosèrent tant de talents, dont Coluche, Renaud et bien d'autres –, avant de connaître avec elle et Gérard Depardieu le succès dans *Les Valseuses.*

Jacqueline Maillan, Jean Poiret ou Jacques Balutin, mille talents explosaient tous les soirs au Café de la Gare. Autant d'illustres inconnus qui avaient pour nom Miou-Miou, Coluche, Renaud, Henri Guybet et… Patrick Dewaere.
Patrick et tous ses amis du Café de la Gare sont remarqués.
Les premiers rôles au cinéma arrivent. Des figurations, certes, mais aussi de vrais rôles. Pour Patrick la porte est franchie grâce aux *Mariés de l'an II* ou à *Themroc*, mais son vrai départ n'a lieu qu'en 1974. Un nouveau président de la République vient d'être élu dont le credo est, en matière culturelle, « plus de censure ».

UN IDÉAL INACCESSIBLE

Cette libéralisation permit au film de Bertrand Blier, *Les Valseuses*, de sortir sur les écrans, sans provoquer de tollé particulier.
Le succès fut immense. Géant. Patrick Dewaere et ses « comparses » Miou-Miou et Gérard Depardieu venaient de se faire un nom. Ce film, qui n'a pas pris une ride, montrait le désespoir et la dérive de deux jeunes paumés de banlieue. Horribles, terribles, et en même temps tellement attachants. Patrick était entré de plain-pied dans un rôle qui allait lui coller à la peau jusqu'à ses derniers jours.
Car, dans la vie, il était le paumé des *Valseuses*, un immense bonhomme martyrisé, en quête d'un idéal inaccessible.
Cette utopie et ce sens de l'amitié le poussèrent à accepter des films plus « intimistes », entre autres avec Sotha, son amie du Café de la Gare, et à faire une brève apparition dans un film de Lautner parce que sa compagne, Miou-Miou, y tenait un rôle important.
En 1975, il s'oppose à Lino Ventura dans *Adieu poulet*. C'est l'avenir utopique contre le passé déçu. Un triste affrontement sans gagnant.

Page précédente : Patrick lors du gala de l'Union des artistes en 1978. L'année de *Série noire*, où il interprète un type totalement paumé, amoureux d'une gamine à la dérive.

Ci-contre : Patrick dans une scène du film *Le Juge Fayard,* d'Yves Boisset, où les nombreux bip-bip remplaçaient le nom d'un certain réseau parallèle de la police.

Un film à revoir, car les deux acteurs vont bien au-delà du scénario pour montrer, chacun à leur manière, leurs fêlures et leurs déceptions. Puis, la même année, c'est *La Meilleure Façon de marcher* de Claude Miller. Patrick Dewaere était jusque-là un grand acteur. Il devient un acteur exceptionnel, incontournable. Boy-scout attardé aux jambes poilues et au langage vert, bourreau et victime vis-à-vis du sublime Patrick Bouchitey, il montre toutes les facettes de son immense talent. L'Italie l'appelle alors pour *La Marche triomphale*, qui n'a pas de succès. Il y tournera également *La Chambre de l'évêque* de Dino Risi. Les salles de cinéma restent également vides. Dewaere n'était pas un acteur pour l'Italie. Pas plus que Delon ou Deneuve n'étaient des acteurs pour les États-Unis. Qu'importe. En France, il enchaîne avec *Le Juge Fayard* d'Yves Boisset. Ce film, rempli de « bib-bip-bip » de censure lorsque le nom d'un certain réseau parallèle est prononcé, fait un tabac. Boisset a le talent de donner des coups de pieds dans la fourmilière. Dewaere ne peut que le suivre. Rien d'étonnant dans ce succès. Les Français aiment que l'on dénonce des scandales.
Dewaere est à ce moment une des grandes stars du cinéma français. Il plaît au grand public, même si une éternelle querelle stérile alimente toutes les conversations :
– Moi, je trouve que Depardieu est meilleur.
– Non, moi, je pense que Dewaere est plus riche dans son jeu...
Cela rappelait la polémique Rolling Stones/Beatles...
En fait, ces deux immenses acteurs étaient complémentaires.
Bertrand Blier, avec son génie, l'a bien senti qui leur donne à tous les deux un rôle dans ce qui sera l'un de ses plus beaux films : *Préparez vos mouchoirs*.

Ci-dessous : en 1977, devenu l'une des grandes stars du cinéma français, Patrick est photographié dans l'un de ses moments de gaieté teintée de nostalgie.

UN HOMME À LA DÉRIVE

Malgré un « mauvais départ » avec un mauvais film d'Yves Boisset, *La Clé sous la porte*, Patrick ne perdra pas son année 1978.
Il tourne aussi dans *Coup de tête* de Jean-Jacques Annaud, qui ne disposait encore que de budgets réduits, et contribue à en faire un très bon film.
Mais surtout, cette année-là, Alain Corneau le demande pour *Série noire*. Ambiance glauque, type totalement paumé, amoureux d'une gamine à la dérive (Marie Trintignant), il trouve en cette occasion l'un de ses plus beaux rôles. Mais un rôle qui lui fait mal, au propre comme au figuré. Lors d'une scène célèbre où il est censé se cogner la tête contre le capot d'une voiture, Patrick le fait réellement et se démolit le visage. Il n'est plus le personnage qu'il doit interpréter. Il est lui-même.
Patrick est à vif. Il a toujours été à vif. Il serait hypocrite d'occulter les problèmes de drogue qui le touchaient. Il prenait de l'héroïne pour oublier les mille choses qui l'irritaient. Et ce dont il souhaitait se sortir, ce n'était pas de la drogue, mais de tout ce qui l'avait poussé à en prendre.
Justement, en 1980, Claude Sautet lui offre le rôle merveilleux d'un jeune garçon drogué, emprisonné plusieurs années à l'étranger, et qui revient enfin chez lui – enfin ce qu'il pense être chez lui. Il semble tellement que ce rôle ait été écrit pour Patrick... Aucun acteur n'aurait pu jouer d'une telle manière. Il est si bouleversant, si fragile, si admirable. Ce film s'appelle *Un mauvais fils* et l'on y trouve, pour qui veut bien chercher, beaucoup de ce que fut Patrick Dewaere.

Le choc avec lui-même dut être violent pour qu'il décidât de changer totalement de registre. *Plein Sud* lui offrit le doux et agréable plaisir de tourner autour de la charmante Clio Goldsmith et *Psy*, celui de s'amuser dans une comédie légère de Philippe de Broca.
Cette alternance de films « durs » et de films « légers » semblait poursuivre Patrick.
Puis, toujours en 1980, il tourne *Beau-Père*, un chef-d'œuvre de Bertrand Blier. Ce dernier avait écrit le scénario depuis longtemps, mais il voulait absolument Patrick Dewaere pour l'interpréter. Le rôle était délicat puisqu'il s'agissait d'un homme de trente-cinq ans qui vivait une sublime histoire d'amour avec une jeune fille de quinze ans.
Il fallait donc trouver un acteur dont la force physique n'ait d'équivalent que la faiblesse psychologique.
La tendresse viendrait gommer les aspérités. Seul Patrick pouvait jouer cela. Bertrand Blier avait d'ailleurs déclaré que si Patrick avait refusé le rôle, il n'aurait pas réalisé le film.
Un rôle très difficile, une fois de plus. Celui d'un paumé, bien entendu, mais d'un paumé extraordinaire. Ce fut, de la part de Patrick, une interprétation hors pair. Unique.
Tout comme la drogue, les rôles qu'il choisissait le détruisaient, ou plus exactement se faisaient l'écho de son propre malaise intérieur.
Sans doute est-ce pour cela qu'en toute lucidité il déclara en 1982 : « Quand tu joues cinq fois de suite un paumé, tu finis par être un paumé ! J'en ai marre ! » Alors, oui, Patrick en a eu marre ! Il a encore tourné un ou deux films, toujours en alternant : un Sotha très confidentiel, *Les matous sont romantiques*, et un Verneuil très grand public, *Mille Milliards de dollars*.

Son dernier film s'appelle *Paradis pour tous*. Et puis, il avait tourné quelques essais pour *Edith et Marcel* de Claude Lelouch dans lequel il devait interpréter le rôle de Marcel Cerdan – un destin tragique du sport. Tout était conclu.
Sa maison, rue du Moulin-Vert, était toujours emplie de gens qui venaient le voir, boire un verre ou lui « taper 100 balles ».
Le 16 juillet 1982, il ne lui en a fallu qu'une pour mettre fin à tout cela. Une balle dans la bouche.
Dans *Préparez vos mouchoirs*, il disait à propos de Mozart : « Trente-cinq ans... Tu te rends compte de la perte... Quelle époque de cons ! Le pauvre mec, il est mort à trente-cinq ans ! »
Oui, Patrick. On se rend compte de la perte.

Page de gauche, en haut : Un mauvais fils, de Claude Sautet, sans doute l'un de ses plus beaux rôles.

Page de gauche, en bas : Coup de tête, un nouveau rôle de rebelle.

Ci-dessous : Patrick dans *Plein Sud*, de Luc Béraud, une comédie légère.

FRANÇOISE DORLÉAC

Dans la vie comme à l'écran, Françoise fut l'incarnation de la gaieté, du sourire et d'une beauté peu conventionnelle. Sa carrière démarra très tôt, au point que l'actrice apparut rapidement comme l'un des plus grand espoirs du cinéma. Mais un destin cruel ne lui laissa pas le temps de confirmer son immense talent.

Page de droite : Françoise lors du Festival de Cannes en 1964. Un miracle de fraîcheur, de sensibilité, de finesse…

FRANÇOISE Dorléac naît dans une famille dont les parents sont comédiens. Pas les moindres d'ailleurs, mais pas des stars non plus. Son père Maurice Dorléac est surtout comédien de théâtre et jouera dans près de deux cents pièces et douze films. Sa mère, Renée Simonnot, sera pensionnaire à la Comédie-Française durant vingt-quatre ans.
Elle a trois sœurs, dont une plus jeune qu'elle de dix-huit mois, sa complice et parfois sa partenaire, Catherine Deneuve.
Son enfance n'a rien d'extraordinaire, si ce n'est qu'à neuf ans elle voit le destin lui faire signe pour la première fois grâce à un acteur hors du commun, puisqu'il s'agit de Louis Jouvet. En effet, celui-ci projette de monter *La Puissance et la Gloire* d'après Graham Green. Mais il lui faut trouver celle qui tiendra le rôle de Brigitte, la petite fille.
Par le hasard des relations amicales et familiales, c'est Françoise qui est choisie. La fillette répète son texte en l'apprenant par cœur tous les soirs avant de se coucher.
Tout va bien. Françoise est de plus en plus à l'aise lors des répétitions. Seulement la mort a ses raisons que la vie ne connaît pas. Louis Jouvet décède quelques semaines plus tard, le 14 août 1951, lors d'une répétition. Bien sûr, Françoise n'a pas le rôle, mais elle garde au fond de sa mémoire le signe qui vient de lui être fait et qui a donné naissance à un rêve merveilleux : devenir comédienne.
Grâce à son père qui l'entraîne sur les plateaux de cinéma et de théâtre, elle fait ensuite quelques pas de danse et le doublage en français de toute la série des *Heidi*. Elle n'a encore que quinze ans. Et comme les fées veillent sur elle, elle obtient son premier rôle devant une caméra dans *Le Mensonge*, un court métrage de quinze minutes. Certes c'est encore peu, mais le rêve de son enfance n'est plus tout à fait un rêve… Désormais, c'est un choix : elle sera actrice !

Page de droite, en haut : Françoise avec sa sœur Catherine Deneuve. Comme elle le disait : « À nous deux, nous ferions une femme idéale. »

Page de droite, en bas : avec Jean-Pierre Cassel, le premier grand amour de sa vie, dans un numéro de trapèze au gala de l'Union des artistes en 1961.

Ci-dessous : Françoise à dix-huit ans. Grâce à sa beauté rayonnante, elle pose déjà pour de nombreux magazines de mode.

Seulement, ses parents ne l'encouragent pas dans sa vocation. Pour eux, l'école passe avant tout. Soit ! Françoise, toujours optimiste et souriante, accepte d'attendre, son heure viendra. Elle en est convaincue.

Elle ne s'est pas trompée. La chance se présente effectivement alors que Françoise a tout juste seize ans et qu'elle se fait renvoyer du lycée La Fontaine pour indiscipline. Elle en profite et, malgré la désapprobation de ses parents, s'inscrit au cours d'art dramatique de Raymond Girard où Annie Girardot, Jean-Paul Belmondo et d'autres l'ont précédée. Elle y fait ses classes en même temps qu'elle entre au Conservatoire. Elle fait tout cela vite, très vite et très bien ! Françoise est déjà pressée ! Elle n'a pas de temps à perdre. Au fil des cours, elle se débarrasse de ses gaucheries d'adolescente et, sa beauté rayonnante aidant, pose pour des magazines de mode. Déjà, on la remarque, en particulier Hervé Bromberger qui lui propose de jouer dans *Les Loups dans la bergerie*. Elle a à peine dix-sept ans.
Bien sûr, Françoise est folle de joie. Elle veut ce rôle, même si pour l'obtenir elle doit montrer sa poitrine pendant quelques scènes au risque de déplaire à sa mère. Devant la résistance de celle-ci, la jeune fille insiste, argumente et finit par la convaincre. La nécessité fait loi ! La morale sied uniquement à ceux qui ont le temps ! Ce n'est pas son cas.

Premier rôle, premier succès, premier cachet aussi. La petite Françoise, gaie comme un pinson, peut désormais s'envoler vers de nouvelles aventures. Cela tombe bien. Elle a déjà un autre rendez-vous, et diablement plus important, avec quatre personnages en quête d'acteurs…

Les personnages, ce sont Colette l'écrivain et son héroïne Gigi, Simone Berriau directrice du théâtre Antoine et Robert Manuel.
Françoise convainc Robert Manuel, son professeur au Conservatoire, qu'elle peut tenir le rôle de Gigi. Simone Berriau la soutient, qui trouve que les yeux de Françoise ressemblent parfaitement à ceux de Gigi, tels que Colette, déjà disparue, les a décrits…
Devant une telle unanimité, Françoise devient donc *Gigi*.
À moins que ce soit l'inverse, tellement l'osmose est forte entre l'interprète et son modèle. Personne ne le sait, pas plus les critiques que le public. En tout cas, son talent ne fait plus aucun doute pour personne. On s'attend simplement à la voir très souvent sur scène et à l'écran… La voici donc comédienne, déjà vedette sans être star, et encore élève au Conservatoire. Elle y suit désormais le cours de Georges Chamarat avec lequel elle s'entend très bien. C'est sa dernière année, mais aussi l'une de celles dont elle se souviendra. En effet, elle ne reçoit aucune récompense lors de la remise des prix. En fait, comme le souligne la presse, on ne lui pardonne pas d'être déjà consacrée. Avec déjà quatre films et une pièce importante derrière elle, quel besoin aurait-elle d'obtenir un prix au Conservatoire !
Malgré tout, l'échec est douloureux pour Françoise. Non pas tant pour le prix qui lui échappe, mais surtout

parce qu'elle aurait voulu se prouver, autant qu'aux autres, que ce titre de star qu'elle allait bientôt conquérir ne serait pas usurpé...
Mais en fait ce revers n'est qu'une grimace du destin qui succède à un sourire.

AMOUR ET SUCCÈS

En effet, quelque temps auparavant, Françoise a rencontré l'amour au milieu de la piste de danse d'un night-club à la mode. Et l'amour dansait, seul, sans aucun regard pour ce qui l'entourait, sauf pour la jeune fille... Il s'appelle Jean-Pierre Cassel..
Alors, est-ce si grave de n'être pas reconnue au Conservatoire quand on est amoureuse et qu'en plus on a une carrière déjà solide derrière soi avec *Gigi* et *Noix de coco* au théâtre, et *Les Loups dans la bergerie*, *Ce soir ou jamais*, *Les portes claquent* et *La Fille aux yeux d'or* au cinéma ? Pas vraiment...
D'autant plus qu'à la même époque un rôle sur mesure lui est proposé par Norbert Carbonneaux dans *La Gamberge*, une histoire spécialement écrite pour elle par François Billetdoux : jeune provinciale fantaisiste, la voilà qui monte à Paris en scooter-stop et découvre la capitale avec son partenaire Jean-Pierre Cassel.
Pendant l'année qui suit, elle ne fait rien. Non pas qu'on ne lui fasse plus de propositions. Bien au contraire ! Mais désormais, elle a décidé de ne retenir que les rôles qui lui plairaient.
Quoi de plus normal ! Désormais, elle sait ce qu'elle veut. Ses modèles s'appellent Greta Garbo, Katherine Hepburn, Vivian Leigh ! Elle est donc décidée à ne plus faire de

concessions à la médiocrité, et après *Arsène Lupin contre Arsène Lupin*, elle refuse quantité de scripts. Il faut dire qu'à cette époque elle est aussi très occupée à vivre pleinement son amour avec Jean-Pierre Cassel qui continue d'ailleurs à danser sur la piste sans trop la voir... Qu'importe ! Françoise désire avant tout assurer son avenir et ensuite son bonheur.
L'Homme de Rio va l'y aider. Philippe de Broca, qui est tombé sous son charme de sauvageonne, gaie et spontanée, l'impose au prix d'une bagarre homérique avec les producteurs durant près de quatre mois. Aussitôt après, c'est l'envol pour le Brésil, et, fidèle à elle-même, la voilà métamorphosée en Agnès de Villermosa qui court et fait courir son fiancé Jean-Paul Belmondo, alias Adrien Dufourquet. Dès sa sortie, le film obtient un succès sans précédent, et Jean-Louis Bory, d'ordinaire si peu charitable et si peu dithyrambique pour les comédiens, écrit : « Tintin l'inclassable, le gentil Tintin, Tintin au grand cœur, Tintin aux pieds rapides, Tintin jamais à bout de souffle. Tintin, c'est Bébel : on s'en doutait. Milou, c'est Françoise Dorléac. Comme dirait Henri Jeanson et comme se garderait bien de dire Daniel Boulanger : elle a du chien. Un chien qui aurait beaucoup du chat. Elle est délicieuse, cocasse, adorable. Tirée, poussée, happée, coursée, elle est un extraordinaire gibier... »
Toutefois, elle reste toujours l'ingénue, l'inconsciente, la gamine... Il lui manque encore ce petit quelque chose pour être tout à fait elle-même. C'est Truffaut qui le lui offre avec le rôle de Nicole dans *La Peau douce*. Là, Françoise rencontre Nicole. Comme pour Gigi, une nouvelle osmose se produit au point de ne plus pouvoir distinguer

l'actrice de son modèle.
Elles s'enrichissent réciproquement. D'ailleurs le public du Festival de Cannes ne s'y trompe pas. Les critiques non plus. Pour Georges Sadoul : « Françoise Dorléac est sans doute la plus intelligente de nos jeunes comédiennes. » Pour Michel Aubriant : « Elle est un miracle de fraîcheur, de sensibilité, de finesse… » Bref, la voilà sacrée, consacrée comme une grande comédienne. Elle n'a que vingt-deux ans.

QUAND HOLLYWOOD LUI OUVRE SES PORTES

Alors, comme si les minutes de son temps s'épuisaient un peu plus rapidement, Françoise va, court, vole et nous étourdit. C'est le temps d'une *Chasse à l'homme* sans grande importance sous la direction de Molinaro, mais ensuite, et surtout, l'amorce d'une carrière internationale. Hollywood la découvre, Hollywood lui ouvre ses portes… à Londres. C'est là qu'elle rencontre Irving Allen, qui lui propose un scénario en anglais. Elle doit donner son accord le lendemain matin. Seulement voilà, Françoise ne fait qu'ânonner la langue de Shakespeare. Qu'importe ! Il lui en faut plus pour l'arrêter. Armée du plus gros dictionnaire qu'elle puisse trouver à son hôtel, elle passe la nuit à traduire le script mot à mot. Autant de mots qui prennent soudain un sens. Elle voit les grandes plaines de l'Est qui s'étendent devant ses yeux, les barbares qui déferlent sur l'Europe, la légende du grand Mongol qui se dessine. C'est décidé,

Page de gauche : en 1963, elle tourne avec Jean-Paul Belmondo *L'Homme de Rio*, de Philippe de Broca.
Le cinéaste tombera sous son charme de sauvageonne gaie et spontanée.

Ci-dessous : Festival de Cannes 1964, en compagnie des interprètes et du réalisateur de *La Peau douce* : Daniel Ceccaldi, François Truffaut, Nelly Benedetti et Jean Desailly.

elle sera Borteï, sa femme, dans *Gengis Khan* d'Henry Levin. Pour la première fois de sa vie, elle fait du cheval et connaît les joies de la maternité (grâce à quelques coussins serrés autour de la taille) ! Tout cela en compagnie des plus grands de l'époque, Stephen Boyd, James Mason, Omar Sharif…

Mais le voyage ne s'arrête pas là. Quelques semaines plus tard, la voici à Hollywood, ravissante espionne, et amoureuse d'un agent secret malgré lui, David Niven, dans *Passeport pour l'oubli*. Elle court toujours… De Rome à Beyrouth, de Balbek à Byblos, pour enfin s'arrêter au Canada. Avec ces deux films faits à Hollywood, c'est l'heure de la maîtrise de son talent.

Ci-dessus et en bas : Françoise à Londres en compagnie de David Niven avec lequel elle tourna *Le Passeport pour l'oubli*, qui l'impose à Hollywood.

Elle a appris, s'est corrigée, s'est perfectionnée. Désormais, elle est prête à assumer de grands rôles. Elle rejoint alors sa sœur Catherine Deneuve à Londre où celle-ci vient de terminer *Répulsion* sous la direction de Roman Polanski. Cela tombe bien. Ce dernier cherche justement une comédienne capable de jouer le rôle de Térésa dans *Cul-de-sac* et ne trouve pas l'oiseau rare. Catherine lui parle alors de Françoise. Roman la rencontre. Immédiatement, le courant passe entre eux. Elle obtient le rôle. Le film est très bien accueilli. On y retrouve Françoise plus mûre, mais toujours aussi éclatante, vivante et envoûtante. D'ailleurs, Roman n'est pas avare d'éloges : « Vous savez, c'était une rigolote, Françoise ! Elle aimait beaucoup vivre. Elle riait tout le temps. Ce n'est pas comme Catherine qui, elle, est déjà plus réservée… » C'est vrai, mais comme Françoise aime à le dire : « À nous deux, on ferait une femme idéale ! »

LA DEMOISELLE DE ROCHEFORT DEVIENT UNE STAR

Pour s'en rendre compte, il suffit d'attendre que Jacques Demy les réunissent dans *Les Demoiselles de Rochefort*, ce qui arrive quelques mois plus tard. D'une certaine façon les pendules du destin se remettent à l'heure, tout prend son sens : Françoise et Catherine deviennent les jumelles Garnier… Solange, la rousse, donne des leçons de solfège, Delphine, la blonde, des leçons de danse. Et toutes les deux rêvent du grand amour. Pour Françoise effectivement, il ne

Ci-contre : Françoise en 1967 avec sa sœur Catherine Deneuve et Jacques Demy, le réalisateur des *Demoiselles de Rochefort*. Le film remportera un immense succès, grâce à leur talent de comédiennes mais aussi de chanteuses et de danseuses.

reste plus qu'à rêver. Jean-Pierre Cassel est parti se marier ailleurs, tant et si bien qu'à l'époque du film elle se déclare ni mariée, ni fiancée, ni amoureuse…
Cependant, elle ne s'en plaint pas. Son rôle dans *Les Demoiselles* l'accapare complètement. À nouveau on la retrouve gaie, virevoltante, heureuse. Elle chante et danse avec sa sœur Catherine mais aussi avec George Chakiris qui a enchanté le public avec *West Side Story* et Gene Kelly qu'on a applaudi dans *Un Américain à Paris*.
À sa sortie, le film remporte un immense succès. Tout va bien pour Françoise. Les propositions affluent et, de l'avis de tous, elle sera sans aucun doute l'une des prochaines grandes stars du cinéma français.
Encore un engagement pour la télévision où elle incarne *Julie de Chaverny* qui se meurt d'amour ; encore un rôle dans *Un cerveau d'un milliard de dollars*, un film d'espionnage de Ken Russel où elle donne la réplique à Michael Caine, et pour Françoise ce sont enfin des vacances bien méritées.

Nous sommes en juin 1967. Françoise rejoint Catherine et son fils Christian, David Bailey et Alix Chevassus, son nouvel amour, dans la villa La Messardière, à côté de Saint-Tropez. Les deux sœurs sont heureuses de se retrouver. Cela fait presque un an qu'elles ne se sont pas vues. Le soleil, la joie, la détente sont au rendez-vous.
Puis vient le 25 juin. Catherine est partie pour les prises de vues de son prochain film *Benjamin ou les mémoires d'un puceau*. Ce même jour, Françoise devrait également quitter les lieux, mais elle préfère prendre encore quelques heures de bon temps en compagnie d'Alix.

Les heures passent, tendres et heureuses puis, bientôt, Alix doit partir à son tour. Il a réservé une place d'avion à Françoise mais celle-ci préfère rester encore un peu. Il fait si beau. Elle veut en profiter... Elle le retrouvera à Paris le lendemain. C'est promis ! Aussitôt, elle part au volant de sa voiture de location prendre le soleil sur la plage de Pampelonne.
Le temps passe. Quelques heures de bonheur simple, de ravissement devant un paysage magnifique. Françoise prend son temps. Elle savoure tout ce qu'elle a déjà fait et rêve de ce qui lui reste à entreprendre. Mais l'horloge tourne et finalement Françoise doit se résoudre à partir si elle veut attraper l'avion de 19 h 20 à Nice. Mais non ! Allez ! Elle a encore le temps ! Elle flâne et bien sûr prend de plus en plus de retard.
Quand elle se décide enfin à partir, il lui faut foncer. Vite ! Encore plus vite ! Pas question de rater l'avion. Demain, après-demain elle a une multitude de choses à faire. Manque de chance, le ciel se couvre, les nuages s'amoncellent, la pluie tombe. La voiture n'est plus qu'un bolide lancé sur une chaussée glissante. À la sortie de l'autoroute, Françoise se rabat trop brutalement après avoir doublé une voiture. Elle freine... Le véhicule glisse, fait un tête-à-queue, puis deux, et finit par s'écraser contre un pylône électrique. La voiture s'embrase. Il n'y a plus rien à faire. Françoise n'est plus.

Elle fut enterrée à Seine-Port, entourée de sa famille et de ses amis.
Elle nous quittait jeune, très jeune : elle n'avait que vingt-cinq ans.

© *Ci-dessus :* Françoise avec sa sœur Catherine Deneuve et David Bailey le jour de leur mariage, le 21 août 1965. Deux ans plus tard, elle se tuera en voiture après quelques jours de vacances en leur compagnie.

© *Page de gauche :* Françoise en 1964. À cette époque, on voit en elle l'une des prochaines grandes stars du cinéma.

Steve MacQueen

Dans la plupart des rôles qu'il incarna, il fut un solitaire, mais il le fut également dans la vie. L'indépendance était pour lui un art de vivre. Il le montrera jusqu'au bout.

Steve MacQueen naquit le 24 mars 1930 à Indianapolis. Peu après, son père William abandonnait mère et enfant. La vie sédentaire ne convenait pas à ce cascadeur de cirque volant toujours par monts et par vaux. La mère, Julia Crawford, seulement âgée de dix-neuf ans, essaya d'élever seule son fils, mais, avec la crise qui sévissait à l'époque, cela s'avéra bientôt impossible. Alors elle l'abandonna à son tour à son grand-oncle fermier et partit chercher son destin en Californie. Steve MacQueen rappela plus tard que « pendant ces années à la campagne, il vécut les plus beaux moments de sa jeunesse ». Sa mère vint le rechercher quand elle fut à nouveau mariée pour l'emmener habiter à Indianapolis. Le petit Steve avait alors neuf ans.

La vie devint vite un enfer.

Il détestait son beau-père, passait l'essentiel de son temps dans la rue et finit par faire une fugue. Vite rattrapé, il fut placé dans une institution pour enfants de divorcés, la Junior's Boy's Republic of Chino, en Californie. Là, excepté quelques manquements à la discipline, Steve finit par prendre goût aux travaux fermiers qu'on lui proposait, en particulier soigner le bétail.

Quand il en sortit à l'âge de quinze ans, il rejoignit sa mère à New York, mais toute entente entre eux était devenue impossible. Il choisit alors l'aventure.

Il fut d'abord matelot sur un bateau-citerne, puis groom dans un hôtel, ouvrier sur les champs pétroliers, vendeur à la sauvette, bûcheron… pour finir dans les Marines où il s'engagea en avril 1947.

Démobilisé trois années plus tard, il partit faire la fête en Californie, puis, peu de temps après, il revint à New York sans un dollar sur lui.

Il s'installa alors à Greenwich Village. Pour lui ce fut une expérience extraordinaire. Il y rencontrait enfin des gens cultivés « qui vous parlent de leurs problèmes au lieu de vous cogner dessus ». Il exerça alors plusieurs métiers, dont chauffeur de taxi, réparateur de pneus, vendeur d'encyclopédies et… chômeur. Pour Steve, c'était une vie difficile, mais c'était aussi le moment où il découvrait la solidarité et l'amitié avec d'autres jeunes gens, semblables à lui. Il en gardera toujours un bon souvenir.

Ci-contre : Steve Mac Queen dans *La Grande Évasion*. Le film conquit les jeunes qui s'enthousiasmèrent pour ce casse-cou à moto.

Page de droite : Steve avec sa femme Neile Adams. Mariés le 2 novembre 1956, ils connurent ensemble plus de dix-sept ans de bonheur.

Un jour de 1951, une amie lui recommanda de suivre les cours d'art dramatique de Sanford Meisner. Ce dernier lui fit passer une audition et, très vite convaincu du talent de son élève, l'encouragea à travailler d'arrache-pied. Steve profita d'une bourse accordée aux anciens de l'armée pour se consacrer à son apprentissage. Un an plus tard, il devait en être récompensé en obtenant un premier petit rôle au théâtre dans *Peggy o' My Heart*, pièce donnée à Fayeteville, dans l'État de New York.

Encouragé par ce premier succès, il s'inscrivit alors au cours de Utta Hagen et Herbert Berghof et passa une audition à l'Actor's Studio. Admis parmi les cinq premiers sur deux cents candidats, il bénéficia d'une bourse conséquente et commença une carrière à la télévision, en particulier dans *The Shivington Raiders*. Il partit en tournée et, peu après, obtenait un nouveau rôle dans *The Gap* à Broadway. Très remarqué à cette occasion, on pensa à lui pour remplacer Ben Gazzara dans une autre pièce, *Hatful of Rain*.

Ci-contre : devenu Josh Randall dans la série télé *Au nom de la loi*, Steve devint du jour au lendemain une star internationale. « Comme moi, disait-il de son personnage, c'est un solitaire, un errant, un type qui aime le danger. »

En cette année 1956, n'étant plus tout à fait un inconnu, il rejoignit Hollywood, y fit de la figuration, en particulier dans *Marqué par la haine*, de Robert Wise. Mais l'expérience n'étant pas tout à fait concluante, il décida de revenir à New York y chercher du travail.

En fait de travail, c'est l'amour qu'il trouva lors d'une soirée au restaurant en compagnie de Mark Rydell. Alors que celui-ci lui présentait Neile Adams, une jeune actrice déjà renommée, Steve, fasciné par sa beauté, fit tomber son assiette de spaghettis par terre. Un véritable coup de foudre, au point qu'ils devaient se marier dès le 2 novembre 1956... avec deux motards de la police pour témoins. Les deux amoureux venaient d'être arrêtés pour excès de vitesse !

Le couple, uni par un même passé difficile, dura dix-sept ans et figura longtemps comme l'un des plus solides d'Hollywood.

AU NOM DE LA LOI

Dès l'année suivante, il décrocha ses premiers rôles importants au cinéma dans *Never Love a Stranger* de Robert Stevens, *The Blob* d'Irvin S. Yeaworth et *The Great St. Louis Bank Robbery* de Charles Guggenheim et John Stix.

Pourtant, aucun de ces films ne le propulsa réellement à l'avant-scène. Les critiques restaient réservés. Il lui fallut attendre l'année suivante pour que les choses changent, d'une manière plutôt inattendue. Au début de l'année il avait tourné dans un épisode de *Track Down*, une série consacrée aux Texas rangers de la seconde moitié du XIXe siècle. Le producteur interrompit bientôt cette série et

voulut la remplacer par une autre, dont le héros serait un chasseur de primes. C'est ainsi que naquit *Wanted Dead or Alive*, plus connu en France sous le titre *Au nom de la loi*. Pendant trois années cette série fut présentée à la télévision, ce qui représentait quatre-vingt-quatorze épisodes. Le succès fut immense et immédiat. Steve se reconnaissait complètement dans ce personnage. « J'ai tout de suite aimé le caractère de Josh Randall. Comme moi, c'est un solitaire, un errant, un type qui aime le danger. »
D'ailleurs, Steve n'avait pas seulement accepté le rôle du chasseur de primes, il était aussi intervenu auprès des producteurs, non sans difficulté, pour modifier le profil du personnage principal. Non seulement il s'était entraîné au tir, avait choisi sa monture, mais il avait également eu l'idée de scier sa Winchester. En fait, il refusait d'incarner un héros inconscient, au contraire, il voulait interpréter le rôle d'un homme lucide, voire rusé. Il s'avéra rapidement qu'il avait eu raison.
Grâce à cette série, Steve devint du jour au lendemain une star internationale et le cinéma, toujours à l'affût de nouveaux talents, s'empara de lui.
Cela commença avec John Sturges qui lui proposa le rôle de Bill Ringa dans *Never So Few* (*La Proie des vautours*) où, contre toute attente, Steve vola la vedette à Franck Sinatra. La critique partagée sur le film était unanime à son sujet. Sans aucun doute, la star de la télévision confirmait son talent au cinéma.

Pour Steve, c'était l'apothéose. Les années noires prenaient fin. Heureux dans sa vie privée – son premier enfant, Terry Leslie, venait de naître –, son talent reconnu, il

était enfin convaincu que le bonheur était à la portée de sa main. Il ne se trompait pas. Dès la fin du film, John Sturges, avec qui il s'était très bien entendu, le reprit pour *Les Sept Mercenaires*. Grâce à ce dernier film, il s'imposa définitivement y compris à Yul Brynner avec lequel il eut des rapports difficiles pendant le tournage. Les critiques étaient louangeuses. On reconnaissait son extraordinaire présence. Bref, il ne lui restait plus qu'à confirmer... Dans le même temps pourtant, sa réputation de sale caractère allait grandissante. Vraie tête de mule, il ne cédait jamais devant aucun producteur, aucun réalisateur. Mais cela n'avait pas beaucoup d'importance. On lui pardonnait tout, puisque le public l'encensait. Cependant, quelques critiques plus avertis que les autres le mettaient déjà en garde. Un seul échec et il paierait la note.

LA GRANDE ÉVASION

Steve s'en fichait. Il venait d'avoir un deuxième enfant, Chadwick Stevens, et puis il en avait assez vu dans sa vie pour ne pas se laisser impressionner. En plus, on ne cessait de faire appel à lui et dans des registres tout à fait différents. C'est ainsi qu'on le vit tête d'affiche dans *The Honeymoon Machine* (*Branle-bas au casino*), une comédie de Richard Thorpe. Même si Steve s'en sortait honorablement, le rôle de séducteur qu'il y tenait correspondait mal à son image mais surtout à son talent. C'est pourquoi il s'empressa de revenir aux films d'action en particulier avec *L'enfer est pour les héros* de Don Siegel. Dans cette remarquable dénonciation de la guerre et de l'héroïsme inutile,

Ci-contre : Steve dans une scène du film *La Grande Évasion*, de John Sturges. Dans ce film, il s'identifia complètement à Hilts, le personnage qu'il incarnait, et fit montre d'un courage exceptionnel dans toutes les scènes de cascades.

Steve y campait Reese, un baroudeur solitaire qui s'acharnait à faire sauter un blockhaus ennemi. Les critiques furent dithyrambiques. Steve enchaîna alors avec un second film de guerre, *The War Lover*, de Philip Leacok, puis il accepta de jouer Hilts dans *La Grande Évasion* que lui proposait John Sturges.

Steve s'identifia complètement à son personnage. On ne remarquait que lui, son courage, son flegme, son humour également. Aussitôt, les jeunes qui virent le film s'enthousiasmèrent pour ce jeune casse-cou à moto. En quelques semaines, Steve devint l'une des stars les plus populaires du moment. Tout autre que lui aurait sans doute continué sur sa lancée. Mais Steve rêvait d'autre chose : être reconnu dans des rôles plus difficiles qui ne feraient pas seulement appel à « sa gueule », mais aussi à son talent de composition. C'est pourquoi, à cette époque, il amorça un véritable virage, n'acceptant plus que des propositions de qualité.
C'est ainsi qu'il joua dans *Soldier in the Rain* (*La Dernière Bagarre*) de Ralph Nelson, *Love With the Proper Stranger* (*Une certaine rencontre*) et *Baby the Rain Must Fall* (*Le Sillage de la violence*) de Robert Mulligan. Mais le public, habitué à ses interprétations de baroudeur mal embouché, n'accepta pas de voir son héros se perdre dans de telles interprétations, à son goût trop mièvres et intellectuelles, et ces trois derniers films furent des échecs retentissants. Bien sûr, Steve fut très déçu d'autant plus qu'il avait cru dans le film de Nelson au point de le produire.
Du coup, il remisa ses espoirs au placard et se lança aussitôt dans des productions plus conformes aux

Page de gauche : Steve avec Neile Adams. Quand ils divorcèrent, il lui laissa une véritable fortune en affirmant : « Elle en mérite le moindre dollar. Sans elle, je ne serais jamais devenu ce que je suis. »

Ci-contre : à plusieurs reprises, Steve voulut interpréter des rôles plus difficiles, faisant appel à son talent de composition, comme ici, dans *L'Affaire Thomas Crown*.

aspirations de son public, renouant immédiatement avec le succès pour son interprétation dans *Le Kid de Cincinnati* de Norman Jewison, où il incarnait à nouveau un personnage solitaire et introverti.

Steve décida alors de jouer le rôle principal de *Nevada Smith* d'Henry Hataway et même de coproduire le film. Cette fois, le public lui réserva un accueil enthousiaste malgré des critiques réservées qui reprochaient au film d'évacuer toute réflexion sur la violence ou la justice. En fait le problème était ailleurs. Steve avait vieilli, il n'était plus question de lui confier des rôles destinés à des jeunes. On lui demandait maintenant de trouver sa place dans les distributions, en un mot d'assumer son âge...

STEVE LE SOLITAIRE FAIT LE CINÉMA QUI LUI PLAÎT

Mais Steve avait mauvais caractère. Devenu une star avec *Le Kid*, il décida de faire comme bon lui semblait. C'est ainsi que la même année il coproduisit *La Canonnière du Yang-Tsé* que tournait Robert Wise. Il y interprétait le rôle de Jake Holman, encore un solitaire, ne combattant pour aucun idéal particulier. Manque de chance, le film sortait au moment où les troupes américaines étaient engagées au Vietnam, et l'accueil fut glacial. Le film, son réalisateur comme les acteurs furent descendus en flammes par la critique. Steve, toujours aussi têtu, eut beau affirmer que c'était là son meilleur rôle, l'oscar lui échappa, de même que le soutien du public. Pour lui l'heure de la remise en cause était venue... Il en prit conscience et tenta d'aborder un nouveau type de rôle avec *L'Affaire Thomas Crown* de Norman Jewison. Il s'y retrouvait dans la peau d'un milliardaire élégant et séducteur qui organisait un hold-up. Ce fut un beau succès populaire, mais Steve n'aima pas ce rôle. Ce fut son dernier essai dans cette voie.

En fait, il préférait nettement l'action. Il la retrouva dans *Bullit* de Peter Yates. Dans ce film, Steve prit tous les risques, refusant d'être doublé. Les compagnies d'assurances se récusèrent les unes après les autres, mais le film y gagna en vraisemblance. En particulier lors de la poursuite automobile dans les rues de San Francisco, qui demeure aujourd'hui encore un morceau d'anthologie du film policier. Ce fut un énorme succès populaire. Steve n'était plus seulement la star de l'année, mais un monstre sacré

capable d'imposer sa volonté à toutes les Majors Companies d'Hollywood. Curieux paradoxe, Steve déclarait sincèrement qu'il se foutait d'être une star. L'essentiel pour lui avait été de faire du cinéma, du vrai, sans chiqué...

UNE NOUVELLE FEMME ET UN NOUVEAU PERSONNAGE

On le vit alors dans *The Reivers* de Mark Rydell, une adaptation d'un roman de William Faulkner, puis dans *Challenge One* et *Le Mans*, deux films qu'il coproduisit. Ce furent cependant deux échecs retentissants. Les amateurs de voitures et de motos n'y trouvèrent pas leur compte, pas plus que les autres spectateurs. Ce fut une période noire, d'autant plus que les nuages s'amoncelaient sur le couple McQueen. Neile et Steve ne s'entendaient plus depuis un bon moment déjà. Le temps avait érodé les sentiments, il ne restait plus qu'à franchir le pas de la séparation. Mais Steve n'était pas encore prêt à accepter un tel bouleversement. Cependant, ses démêlés conjugaux ne l'empêchèrent pas de continuer sa carrière. En 1972, il rencontra Sam Peckinpah qui lui proposa de jouer le rôle d'un champion de rodéo sur le retour dans *Junior Boner*. Le personnage était un solitaire, *a poor lonesome cow-boy,* qui laisse son passé derrière lui. Mais cette fois-ci, les colts s'étaient tus pour laisser la place à la tendresse, à l'humour et à la dérision.

À la fin du tournage de ce film, Steve annonça officiellement son divorce avec Neile. Celle-ci reçut une véritable fortune en dédommagement, mais Steve n'en éprouva aucune amertume. Au

Ci-dessus : Steve aimait le danger et la vitesse. C'est pourquoi il coproduisit le film *Le Mans*. Les amateurs de courses automobiles n'y trouvant pas leur compte, ce fut un échec retentissant.

[Ci-contre :] lors du tournage du film *Le Guet-Apens* de Sam Peckinpah, en 1972, Steve rencontre Ali Mac Graw. Ce fut un véritable coup de foudre. Le film terminé, ils se marièrent et vécurent trois années ensemble dans leur retraite de Malibu.

contraire, il déclara que Neile en méritait le moindre dollar. Sans elle, il n'aurait pas été capable d'en gagner un seul...

Comme le public s'était montré réservé envers *Junior Boner*, Sam Peckinpah décida alors de revenir au thriller et à la violence et proposa à Steve le rôle de Doc MacCoy dans *Le Guet-Apens*. Ce dernier, enthousiaste, accepta le rôle et coproduisit le film.
À nouveau le succès fut au rendez-vous. Steve redevenait le solitaire, professionnel de la gâchette qui tire et gagne ainsi sa liberté. Le couple Ali MacGraw-Steve MacQueen pouvant alors fuir vers le Mexique libre, riche et amoureux... Comme dans la réalité !
En effet, durant le tournage, cela avait été le coup de foudre entre les deux comédiens. La jeunesse souriante et la personnalité exubérante de la jeune femme avaient conquis Steve. Ils vécurent aussitôt ensemble et se marièrent le 13 juillet 1973 à Cheyenne, à la fin du tournage de *Papillon* de Franklin Schaffner. Steve y incarnait avec force et authenticité un prisonnier qui ne veut pas céder pour garder sa dignité. Cependant, bien que le rôle fût magistralement interprété, le film fut un échec commercial.
En revanche, l'accueil réservé à *La Tour infernale* de John Guillermin, le film qui suivit, fut extraordinaire. On y voyait Steve en pompier, lutter contre l'incendie provoqué par les négligences des constructeurs. Après ce film, Steve fut l'un des tout premiers acteurs du box office et l'un des mieux payés d'Hollywood. Mais le solitaire qu'il était s'en fichait. Il décida de se retirer à Malibu avec Ali MacGraw. Au moins là, il pourrait vivre heureux, à son rythme, loin des bruits et des fureurs d'Hollywood,

Page de droite : Steve dans *Papillon*. Bien qu'il y interpréta avec talent le rôle d'un bagnard à Cayenne, le film fut un échec commercial.

Ci-dessus : Steve avec Ali MacGraw en 1976. Malgré les sourires de circonstance, les nuages commencent à s'accumuler sur le couple. Ali, intellectuelle et brillante, aime le monde, au contraire de Steve le solitaire...

loin de cette faune qu'il n'avait jamais vraiment appréciée...

Cette retraite dura jusqu'en 1976 sans qu'on sût rien, ou pas grand-chose, du couple. On apprenait seulement par-ci par-là que Steve allait régulièrement porter vêtements et médicaments aux Indiens navajos, qu'il refusait des rôles en demandant des cachets extraordinaires et qu'il gérait ses entreprises en homme d'affaires avisé. Le solitaire avait enfin réalisé son rêve... vivre comme bon lui semblait.

LE SOLITAIRE SE RETROUVE SEUL

Au contraire d'Ali MacGraw, le monde lui paraissait peu intéressant, et celui du cinéma encore moins. Cependant, celle-ci n'était pas d'accord. Elle savait qu'elle vivait avec un acteur, un très bon acteur qui pouvait encore jouer de grands rôles. Elle insista et finit par le convaincre de tourner dans *Un ennemi du peuple* de George Schaefer, une adaptation fidèle d'une pièce d'Ibsen. C'était risqué et il le savait. Le rôle du docteur Stockman, un intellectuel, ne lui ressemblait pas. Ce fut un échec magistral, au point que le film ne fut même pas distribué en Europe.
Ce revers eut un grand retentissement sur Steve, d'autant plus que la First Artist se refusait à lui accorder sa confiance pour un autre film. Époque tragique pour l'acteur mais aussi pour l'homme qui devait reconnaître l'erreur de son mariage avec Ali MacGraw. Ils étaient bien trop différents pour s'entendre. Elle, une intellectuelle brillante qui aimait le monde, lui un renfermé qui n'aimait que sa tranquillité...
Ali finit par le quitter.

Il fit alors une dépression et s'éloigna des plateaux. Il se mit à boire puis grossit et se laissa aller. Très vite il ne fut plus qu'un homme hirsute, insolent, cynique, décourageant tous les producteurs en demandant des cachets faramineux... Par exemple, trois millions de dollars pour jouer dans *Apocalypse Now !*
Cette crise dura jusqu'en 1979, année où il tomba amoureux de Barbara Minty, une jeune cover-girl de vingt-cinq ans. Il décida alors de maigrir, d'arrêter de fumer et de ne plus boire. Reprenant goût à la vie, il déclarait qu'il venait enfin de rencontrer quelqu'un d'attentif à ce qu'il était. Il se sentait tellement mieux qu'il décida de revenir au cinéma avec *Tom Horn*, un très beau western de William Wiard. Ce film retraçait l'histoire

vraie d'un tueur à gages payé par des éleveurs, lesquels finissaient par s'en débarrasser en le laissant se faire accuser d'un crime qu'il n'avait pas commis…
Dans ce film, Steve redevenait un héros, mais à la différence près qu'il devait perdre. Le poids de la maturité était là. Le personnage qu'il interprétait était d'une profonde humanité. Les effets avaient été bannis de la mise en scène. Tout était simple, beau, évident.
Et puis, comme s'il fallait toujours boucler la boucle, il accepta le rôle principal dans *Le Chasseur* de Buzz Kulik, où il redevenait le chasseur de primes de *Dead or Alive*, le cascadeur de *Bullit*, l'aventurier de *Guet-Apens*. Cependant, *Le Chasseur* n'avait plus la même fougue. On sentait le héros fatigué, déjà ailleurs.
Il l'était vraiment. À la fin du tournage en novembre 1979, Steve s'arrêta, complètement épuisé. Il refusa tout autre contrat et préféra aller se faire examiner. Le verdict fut sans appel : il était atteint d'une forme rare de cancer du poumon et n'avait plus que quelques semaines à vivre.
Steve n'abdiqua pas pour autant. Le battant qu'il avait toujours été se réveilla à nouveau et il décida de faire face.
Le 17 janvier 1980, il épousa Barbara puis déclara qu'il résisterait au mal par tous les moyens.
Il essaya alors tous les remèdes, consulta tous les spécialistes, s'intéressa à toutes les découvertes qui pourraient l'aider.
Malheureusement, rien n'y fit. Il dut s'y résoudre : aucune médecine miracle ne pouvait le sauver.
En désespoir de cause, le 6 novembre 1980, il demanda au professeur Santos Vargas, un grand spécialiste du cancer, de tenter l'opération. On lui retira une tumeur de trois kilos ! Mais le cœur de Steve n'y résista pas. Il mourut quelques heures plus tard à l'hôpital de Ciudad Juarez au Mexique. Il avait tout juste cinquante ans.

Ci-dessous : avec *Tom Horn*, son dernier film, la boucle est bouclée. Avant de mourir, Steve redevenait le chasseur de prime, l'aventurier et le solitaire qu'il avait toujours été dans l'esprit du public…

MARILYN MONROE

Orpheline, oubliée, déchirée dans son enfance, la star des stars courut toute sa vie après son identité, exprimant chaque jour davantage une soif de reconnaissance jamais assouvie. Cette course effrénée la conduisit à la mort…

Ci-dessous : Marilyn à l'orée de sa glorieuse carrière posant pour un photographe de mode. À cette époque, elle apparut nue sur un calendrier qui rapporta 750 000 dollars à ses éditeurs.

QUAND Norma Jean naît le 1er juin 1926 à Los Angeles, son père est déjà parti vers d'autres conquêtes. Sa mère, Gladys, dont l'équilibre psychique est précaire, s'en débarrasse et la confie en nourrice aux Bolender, un couple qui habite juste en face de chez elle. Pour Marilyn, quelques années passent entre l'amour des Bolender et celui de sa mère qui court après l'argent et les hommes.
Puis, un jour, une crise de démence plus grave que les précédentes mène celle-ci à l'asile et Norma à l'orphelinat.
Le destin de la jeune fille est alors scellé. Si l'endroit – le foyer des orphelins de Los Angeles – n'est pas une prison, ce n'est pas non plus la joie pour Norma. Elle le quitte à l'âge de onze ans pour se retrouver dans deux autres foyers d'accueil jusqu'à l'âge de seize ans, période à laquelle elle décide de prendre son indépendance.
Mais l'indépendance à cette époque s'appelle mariage. Il lui faut donc trouver un homme qui l'émancipe. Cela tombe bien. En face de chez elle, une famille d'Irlandais, les Dougherty, ont un fils, Jim, plutôt bien fait de sa personne, sportif et suffisamment attentif à elle pour l'attendrir. Ils se voient, se revoient de plus en plus souvent. Comme tous les adolescents, ils partagent leur temps entre la danse, le sport et les activités de plein air… Ils se plaisent et tout finit par un mariage, le 19 juin 1942.
Durant les deux années qui suivent, Norma est plutôt heureuse. Jim est un garçon pas compliqué, comme il se définit lui-même, et elle prend son rôle d'épouse très au sérieux. Seulement, à cette époque, le monde n'est pas fait pour les gens heureux. C'est la guerre et celle-ci a tôt fait de rattraper le jeune couple. Jim est mobilisé dans la marine et part en Australie. Marilyn, qui s'est installée chez sa belle-famille, trouve un emploi dans une usine d'armement.

PREMIERS SUCCÈS

Excellente ouvrière, Norma est rapidement détestée par ses collègues. Elle l'est encore plus quand la chance se présente à elle

Ci-dessus : Norma Jean Baker n'est pas encore Marilyn… Mais déjà de nombreux photographes parmi les plus célèbres des États-Unis se l'arrachent.

Page de droite : d'après Lee Strasberg, Marilyn possédait à l'évidence quelque chose de plus, un mélange de désenchantement, de rayonnement et de sex-appeal qui faisait la différence.

sous les traits d'un photographe de l'armée, David Covoner, qui la prend en photo pour illustrer un article sur les jeunes femmes travaillant pour les besoins de la guerre. Les clichés sont plus que réussis. Il faut dire que le modèle est prometteur. Mieux que quiconque, Norma sait déjà adopter le déhanchement suggestif ou le sourire ravageur qui fait rêver les hommes.
Plusieurs de ces photos circulent dans la presse et parviennent un jour à Emmeline Snively, la directrice d'une agence de mannequins, la Blue Book Modeling Agency. Celle-ci est enthousiasmée et Norma est engagée à raison de dix dollars par jour. Ce n'est pas le paradis, mais c'est déjà un bon début, surtout qu'Emmeline est très satisfaite du travail de la jeune fille. Elle le confirmera d'ailleurs plus tard : « De toutes mes filles, Norma était la plus acharnée au travail. C'était la seule qui étudiait toutes ses épreuves… »
Évidemment, à son retour, Jim est très surpris. Désormais, la jeune femme s'est émancipée et évolue seule dans un milieu qu'il ne connaît pas et qui l'effraie. Les deux jeunes gens sont contraints de se rendre à l'évidence : leurs chemins doivent se séparer. Ils divorcent en octobre 1946.
Quelques hommes traversent alors la vie de la jeune femme dont André de Dienes, un photographe talentueux. Il aime Norma, et ses clichés le prouvent. Pleins de lumières et de sourires, ils mettent si bien en valeur la plastique de la jeune femme qu'ils se vendent dans plusieurs magazines prestigieux.
La notoriété tant attendue pointe alors son nez. On dit même qu'Howard Hugues, le célèbre magnat de la presse et du cinéma, s'intéresse à elle. Quoi qu'il en soit, les milieux du cinéma l'ont remarquée et elle signe un contrat d'un an avec la 20 th Century Fox. Elle change son nom sur les conseils de Bent Lyon, le *talent-scout* de la compagnie. Marilyn Monroe est née. Croit-elle déjà en sa gloire prochaine ? En tout cas, la compagnie ne mise pas un dollar sur elle. Certes, on lui donne deux petits rôles dans *Scudda Oh ! Scudda Hey !* et *Dangerous Years* mais rien d'autre, et le contrat d'une année n'est pas renouvelé.
Alors elle pose sous toutes les coutures, parfois nue, comme pour le photographe Tom Kelley. Par les hasards du commerce, elle apparaît même sur un calendrier célèbre, qui rapportera 750 000 dollars à ses éditeurs et relancera la carrière de Marilyn.

Après un détour par la Columbia, où elle obtient un rôle plus important dans *Les Reines du music-hall*, on la retrouve auprès des Marx Brothers dans *Love Happy* et dans un autre film sans importance, *A Ticket to Tomahawk*. Dans ces derniers films, même si ses rôles sont mineurs, réduits à quelques séquences, elle chante, danse, joue déjà comme Marilyn. Le succès n'est alors plus qu'une question de rencontres opportunes.

PREMIERS SCANDALES

La première rencontre véritablement déterminante est John Huston qui l'auditionne pour son prochain film, *Quand la ville dort*. Marilyn est engagée. C'est son premier rôle important. L'engrenage est alors en route. Aussitôt après, Joseph Mankiewicz l'engage dans *All About Eve*. Dans les deux films elle a été superbe. Zanuck, enthousiaste, lui propose aussitôt un contrat de sept ans avec la 20 th Century Fox pour 500 dollars par semaine... Le rêve pour l'orpheline ! Désormais, elle est entrée de plain-pied dans le cinéma. Reste à confirmer...
Hélas, la 20 th Century Fox préfère prendre son temps. Qu'elle acquière d'abord de l'expérience et se fasse connaître, lui recommande-t-on, après on verra. Du coup, elle ne tourne que des films médiocres et ronge son frein. Heureusement, les échotiers sont à l'affût et lui font une publicité quotidienne en étalant son passé dans la presse à scandales. Elle n'est pas si orpheline que ça... Sa mère est encore vivante dans un asile... Marilyn a posé nue... Une série d'affirmations qui choquent et font parler d'elle, mais tant mieux pour Marilyn. Au moins,

Ci-dessus : Marilyn, vêtue d'une veste d'officier, soutient le moral des troupes américaines engagées dans la guerre de Corée, en 1952.

Page de droite en haut : dans *Les hommes préfèrent les blondes,* Marilyn partage la vedette avec Jane Russel, une autre grande star de l'époque.

En bas : Marilyn dans la fameuse chanson *Diamonds Are a Girl Best Friends,* point culminant du film.

si elle n'existe pas encore complètement par le cinéma, elle occupe désormais l'avant-scène de la rubrique potins.
En 1952, la Fox se décide enfin à lui donner un rôle plus difficile, celui d'une jeune fille à moitié détraquée, dans *Troublez-moi ce soir*. Elle s'en tire très bien et malgré les critiques sévères à son endroit – elle n'aurait pas réussi à rendre le personnage assez inquiétant –, le film rapporte près de 25 000 dollars la première semaine. Pour la 20th Century Fox, l'avenir de Marilyn se précise : les rôles dramatiques ne lui conviennent pas ? Qu'à cela ne tienne ! On lui fera tourner des comédies comme *O' Henri Full House*.
Mais le plus important, c'est que le public l'apprécie. Il veut voir Marilyn le faire rire mais aussi l'aguicher grâce à son extraordinaire plastique.
Le moment est donc venu de la lancer véritablement. C'est Hathaway qui s'en charge en l'employant dans *Niagara*. Cette fois-ci les critiques sont louangeuses. On la dit plus belle que les célèbres chutes d'eau où se situe l'action...
Nous sommes en 1953. Avec ce dix-huitième film – déjà – Marilyn est devenue un vrai sex-symbol. Désormais, son nom suffit pour que n'importe quel film où elle paraît soit amorti en quelques semaines...

Le succès vient rarement seul, surtout pour des personnages hors du commun. Avec la reconnaissance arrive l'amour, sous les traits d'un ex-joueur de base-ball, une légende vivante de ce sport, Joe di Maggio. Encore jeune, à peine la quarantaine, beau et riche, il est la coqueluche de la presse américaine. Le cœur de Marilyn chavire ; commence alors une liaison orageuse mais passionnelle qui la marquera profondément.
Dans *Les hommes préfèrent les blondes*, le film qui suit, Marilyn partage l'affiche avec Jane Russell.

C'est la consécration. Marilyn fait jeu égal avec Jane. Elle danse et chante avec une grâce exceptionnelle, au point que Zanuck qui hésitait encore conclut qu'elle est certainement la plus grande star que la 20 th Century Fox ait sous contrat.
Personne ne le contredit, pas même Jane Russell qui fait les commentaires les plus élogieux sur l'actrice dès la sortie du film. Reste le verdict du public. Il est sans appel, il en redemande et fait un triomphe à Marilyn.
Évidemment, à la Fox, on se frotte les mains. Encore un succès comme celui-là et les dollars tomberont comme s'il en pleuvait ! La même année, on lui donne donc un nouveau premier rôle, son meilleur d'après les critiques, dans *Comment épouser un millionnaire ?* sous la direction de Jean Negulesco.
Le film obtient un succès encore supérieur au précédent, après un lancement mondial sur le Wilshire Boulevard en présence de milliers d'admirateurs. Cette fois-ci Marilyn accède au rang de star incontestée et incontestable.

ÊTRE AIMÉE POUR CE QU'ELLE EST

Tout va pour le mieux. Elle est enfin reconnue. Elle vit avec Joe di Maggio à Beverly Hills, ils sont inséparables au point de se marier le 14 janvier 1954 au San Francisco City Hall. Oui, tous les ingrédients du bonheur sont là, et pourtant, Marilyn n'est pas totalement comblée. Elle est adulée pour ce qu'elle montre, pas pour ce qu'elle est. De quoi, pour elle, en perdre le sommeil et se précipiter sur tous les somnifères possibles. De quoi

aussi confier ses angoisses à toute une kyrielle de coiffeurs, maquilleurs, assistants qui l'écoutent évidemment sans la comprendre… La reine est déjà nue. Elle le sait et, munie de son seul courage, elle se bat en particulier contre les studios qui ne la payent pas assez.
Un chiffre explique toute sa rancœur. Pour un salaire annuel de 50 000 dollars, elle en a rapporté exactement cinq cents fois plus…
Elle se bat aussi avec la même ardeur pour que Joe ne la considère pas uniquement comme un faire-valoir mais comme une femme qui l'aime et qui attend d'en être aimée en retour.
Dans les deux cas, la bataille est loin d'être gagnée. D'un côté la compagnie la punit en l'envoyant jouer un western, *La Rivière sans retour*, d'Otto Preminger, au fin fond du Canada, de l'autre, Joe la renvoie à ses contradictions. Bref, Marilyn commence à souffrir…

Pour la première, fois, dans *La Rivière sans retour*, Marilyn apparaît en jeans. Elle y chante quatre chansons dont *River of No Return* et *One Silver Dollar*. Le film n'est pas bon, mais l'actrice l'est. Cela suffit pour en assurer le succès. Il suffit de lire la presse dithyrambique de l'époque pour s'en convaincre. Le *New York Times* explique que « Les multiples vues qui montrent miss Monroe dans des attitudes suggestives concentrent sur elle l'attention de Robert Mitchum et du public », tandis que le *Washington Post* affirme : « Miss Monroe est le seul pôle d'attraction de ce film. »
L'un des atouts majeurs du jeu de Marilyn, c'est bien sûr sa voix, chaude et sensuelle. Tous les producteurs savent que personne n'y résiste. On lui propose alors de chanter dans *Joyeuse Parade*, de Walter Lang. Elle y chante effectivement trois chansons mais d'une manière qui fait plus ou moins scandale, les spécialistes la jugeant vulgaire et peu professionnelle…
On lui reproche même ses excès de boisson de plus en plus fréquents, mais peu importe ! Puisque le public la plébiscite, alors on continue… sans se soucier évidemment des souffrances qu'endure l'actrice. Souffrances intimes, certes, et invisibles pour ceux qui ne l'aiment pas.
C'est pourtant clair ! En fait Marilyn refuse de plus en plus l'image de pin-up qui lui colle à la peau. Elle souhaite qu'on l'écoute, qu'on la prenne au sérieux, qu'on fasse confiance à ses jugements, ses avis, ses goûts ! C'est simple, mais c'est déjà trop compliqué. Ce qu'elle revendique n'est interprété que comme un caprice de star. Pas de quoi en fouetter un chat…
À cette époque Marilyn attend encore soutien et réconfort de la part de ceux qui disent l'aimer. Mais là encore, c'est la catastrophe. Joe di Maggio est aussi désorienté que les autres. L'issue est inévitable : ils divorcent. Heureusement, le cinéma lui fait fête. Elle est encensée pour son rôle dans *Sept Ans de réflexion* de Billy Wilder, elle vient de créer sa propre maison de production, et les studios lui consentent des contrats beaucoup plus intéressants.
Il n'empêche, l'ambiance étouffante d'Hollywood ne lui convient plus.
Elle préfère alors rejoindre New York et y suivre assidûment les cours de Strasberg à l'Actor's Studio.
Car elle est

Page de gauche : à l'époque de ce cliché, le seul nom de Marilyn Monroe suffisait pour que n'importe quel film où elle paraissait soit amorti en quelques semaines.

Ci-dessous : Marilyn dans *Sept Ans de réflexion*, de Billy Wilder. Une comédie très réussie qui reste l'un de ses plus grands films.

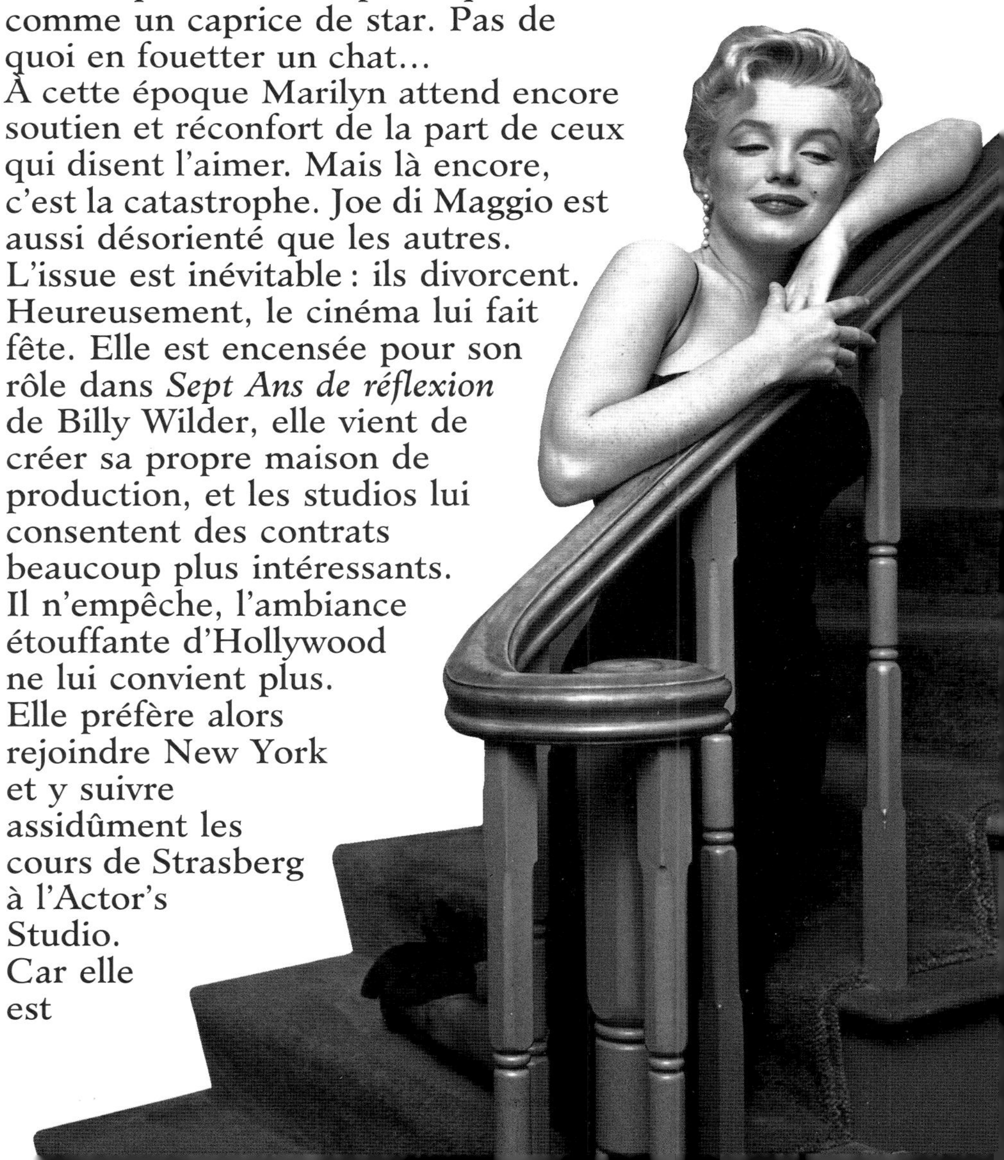

exigeante, Marilyn, perfectionniste même ! Elle veut améliorer son jeu, se voir confier des personnages de Dostoïevski, en un mot devenir une comédienne accomplie.
Bien sûr, elle n'est pas comprise. Dans le milieu, on raille son désir de s'améliorer. Comédienne ? Elle l'est avec son corps, cela suffit ! Mais Marilyn se fiche des sarcasmes.
À New York, elle est heureuse comme elle ne l'a pas été depuis fort longtemps. Indépendante, en bonne santé, elle se sent acceptée, non pas pour son charme sensuel, mais pour ce qu'elle est vraiment.
Elle est d'autant plus heureuse qu'elle rencontre Arthur Miller, qui devient rapidement un ami, puis un amant. L'homme a tout pour la fasciner. C'est l'un des plus grands dramaturges américains, sinon le plus grand, il est aussi prudent et réservé qu'elle est extravertie. Ils se complètent à merveille. Ils vont s'aimer, ils s'aiment déjà...
Quelque temps plus tard, en 1956, elle tourne dans *Bus Stop* de Joshua Logan. Nul doute, Marilyn a bien profité des leçons de Strasberg.
De l'avis de nombreux critiques, elle est même excellente. Son jeu s'est considérablement amélioré. Elle n'est plus seulement une vedette au sex-appeal ravageur, mais une véritable comédienne. Quelle joie pour Marilyn qui voit ainsi son intuition et ses efforts récompensés !
Joie d'autant plus grande que le 1er juillet 1956, elle épouse Arthur Miller en grande pompe. Dans la presse, c'est le déchaînement : l'intelligence, dit-on, épouse la beauté.
Tout semble sourire à Marilyn. Il ne lui reste plus qu'à aller tourner avec, et sous la direction de Laurence Olivier dans *Le Prince et la Danseuse*, dont elle a acquis les droits, pour être parfaitement heureuse.

Toutefois, comme souvent dans la vie de cette star hors du commun, les événements ne prennent pas une tournure logique. Déjà l'accueil que réserve l'Angleterre au célèbre couple Miller-Monroe n'est pas des plus cordiaux. On se moque de la raideur de l'un et de l'inculture de l'autre. Mais en plus, les rapports de l'actrice avec Laurence Olivier sont exécrables. Sans compter que sa conduite sur le plateau est souvent insupportable. Jamais à l'heure pour les prises de vue, titubante à cause des somnifères qu'elle ingurgite par dizaines, oubliant ses textes... Le tournage s'éternise. On perd beaucoup d'argent. Laurence Olivier perd patience. Tous les ingrédients sont réunis pour réaliser un film raté. C'est évidemment le cas.
Et Marilyn a beau s'excuser avant son départ pour les États-Unis, le mal est fait. L'image de la star a pris un coup sévère et le mariage avec Miller en subit les conséquences. Des nuages apparaissent déjà entre les deux monstres sacrés...
En fait, elle crie son désespoir, mais personne ne l'entend. Pas plus Miller que les producteurs.

PAS FAITE POUR LE BONHEUR

De retour aux États-Unis, les Miller partagent leur temps entre New York et la ferme du dramaturge dans le Connecticut. Pour Marilyn, c'est un havre de paix. Elle est beaucoup plus détendue. Enfin elle est enceinte, ce qu'elle souhaitait depuis longtemps. Le couple a beau connaître de bons et mauvais jours, la tentation de se reconnaître heureux est là, à portée de main, mais il faudrait que le destin l'aide un peu. Or il ne l'aide pas. On dirait même qu'il prend un plaisir sadique à l'enfoncer. Deux fausses couches et une intervention chirurgicale dans les mois qui suivent effacent vite toutes les illusions.
Marilyn n'est pas faite pour le bonheur conjugal. Miller et elle ne vivent plus l'un avec l'autre, mais l'un à côté de l'autre.

Elle accepte alors deux rôles. L'un dans *Certains l'aiment chaud*, l'autre dans *Le Milliardaire*. Dans le premier, elle est parfaite, dans le second, elle l'est aussi... mais surtout, elle rencontre Yves Montand. Curieusement, entre ces deux êtres aussi différents le courant passe immédiatement. Pour elle, Montand est l'homme

Page de gauche : en 1956 avec son mari Arthur Miller.

Ci-dessus : Marilyn dans *Le Prince et la Danseuse*, une œuvre dont elle a acquis les droits, et qu'elle tourne avec et sous la direction de Laurence Olivier. Le film sera un échec et marquera un tournant dans ses relations avec Miller.

Ci-dessous : entre Simone Signoret et Yves Montand. Elle disait de lui : « C'est l'homme le plus séduisant que j'ai jamais rencontré », ils vivront une aventure sans lendemain.

le plus séduisant qu'elle ait jamais rencontré. C'est probablement vrai si l'on considère qu'il est le seul à pouvoir l'arracher à ses somnifères, à l'alcool, en un mot à sa déprime chronique.
Elle se jette alors dans les bras de l'acteur français qui ne fait rien pour l'en dissuader. Miller quitte immédiatement le tournage et part dans le Nevada. Les deux vedettes restées ensemble filent le parfait amour à tel point que la presse soupçonne Marilyn de vouloir divorcer d'Arthur Miller pour épouser Montand. Mais l'aventure tourne court. Après avoir longuement hésité, Montand déclare qu'il retourne en France et reste avec Simone Signoret. La boucle est bouclée. Marilyn se retrouve seule.

Dès lors, l'existence de Marilyn n'est plus qu'une suite de dépressions et de problèmes qu'elle ne peut résoudre. Et cette fois, même le cinéma ne peut l'aider.
Les somnifères, pris sans discontinuer, lui procurent le repos artificiel mais pas la paix.
La souffrance est là, intolérable, inexpugnable, qui finit son travail de sape.
Pourtant, durant l'été 1960, elle commence le tournage des *Désaxés* sous la direction de John Huston. Le scénario et la distribution promettaient un beau film mais, entre les angoisses et les problèmes de boisson de Marilyn et de Montgomery Clift, la jalousie de Miller, et Clark Gable, malade du cœur, la partie est difficile pour John Huston. Le tournage prend inévitablement du retard, plusieurs semaines, et coûte de plus en plus cher – près de 4 000 000 de dollars ! Marilyn va de plus en plus mal.

À la fin du mois d'août, on doit même l'hospitaliser pour quelques jours à Los Angeles. Revenue sur les lieux du tournage, elle reprend le travail, et le film est enfin terminé le 4 novembre.
Le 11, l'actrice annonce sa séparation d'avec Arthur Miller et le 17, Clark Gable meurt d'une crise cardiaque. Mort d'autant plus horrible pour Marilyn qu'il était l'acteur qu'elle admirait le plus depuis son enfance et que, quelques semaines plus tard, elle est accusée par la femme de l'acteur, Kay Gable, d'avoir été la cause de sa mort.
Cette fois Marilyn n'en peut plus. À bout de force, elle décide de se suicider en sautant par la fenêtre. Elle échoue et, en février 1961, entre en traitement dans une clinique psychiatrique de New York avant de se réfugier à Los Angeles.
Les jours, les semaines passent jusqu'en avril 1962, date à laquelle la Fox lui demande de jouer dans *Quelque chose doit craquer*, sous la direction de George Cukor. Mais ses apparitions sur le plateau se font de plus en plus rares – en trois semaines de tournage, elle n'est présente que six jours ! La Fox licencie alors Marilyn, lui intente un procès et lui demande 750 000 dollars d'indemnités...
Dès lors la dégradation de la santé de l'artiste s'accélère. Elle n'arrive plus à dormir. Dans les dernières semaines, elle abuse de somnifères. Le 5 août 1962, elle en prend plus que d'ordinaire... Trop.

L'enterrement a lieu devant le tout Hollywood. On regrette bien sûr l'absence de Miller et de quelques autres. Mais il y a les fidèles, surtout Lee Strasberg, qui fait l'éloge funèbre de l'actrice. Ses mots sont émouvants parce qu'ils sonnent juste : « D'autres étaient physiquement aussi belles qu'elle. Mais elle possédait d'évidence quelque chose de plus, quelque chose que les gens voyaient et reconnaissaient dans ses interprétations et à quoi ils s'identifiaient. Elle avait une qualité lumineuse, un mélange de désenchantement, de rayonnement et de désir profond qui la faisaient différente et donnaient pourtant à chacun l'envie d'en être, de partager cette naïveté enfantine à la fois si timide et si frémissante. »
Bien sûr, dès le lendemain et jusqu'à aujourd'hui toutes les hypothèses, des plus sérieuses aux plus fantaisistes, circuleront sur sa mort. Du complot fomenté par le FBI pour protéger Kennedy qui entretenait, disait-on, une liaison avec elle, jusqu'au crime ourdi par des médecins malveillants, tout y passera. Mais dans le fond, qu'importe vraiment.
Marilyn déjà mythifiée de son vivant devenait dans la mort la plus grande star de l'histoire du cinéma.

Ci-dessus : Marilyn en compagnie de Montgomery Clift, un autre destin tragique, lors de la première du film *Les Désaxés*. Tous deux prisonniers de l'alcool et de diverses drogues s'étaient liés d'amitié durant le tournage.

GÉRARD PHILIPE

Peu de comédiens français auront eu une carrière aussi riche et remplie en aussi peu de temps. Peu auront été adulés comme il le fut aux quatre coins du monde. Pourtant, toujours et partout, l'homme demeura d'une grande simplicité, proche des autres et dévoué au bonheur des siens.

QUAND Gérard naît le 4 décembre 1922, à Cannes, rien dans son environnement ne le destine à la carrière de comédien. Son père, avocat, et sa mère lui donnent une éducation classique. Comme son frère Jean, il est interne à Cannes, au collège Stanislas, une institution des pères maristes. Il y fait de bonnes études et passe brillamment son bac en juin 1940. Seule la maladie obscurcit un tant soit peu cette période studieuse et heureuse. Il est atteint d'une pleurésie qui fragilisera ses poumons pour le reste de sa vie.
Sur l'insistance de son père qui veut en faire un avocat, comme lui, il s'inscrit à l'institut de droit de Nice sans enthousiasme. Le chemin du jeune Gérard semble tout tracé : puisque son père le veut, il fera une carrière juridique. Seulement l'adolescent a un autre rêve : devenir comédien.
Il s'en ouvre alors à sa mère, une fort belle femme, cartomancienne à ses heures, et qui seconde son mari devenu administrateur-gérant du Park Hôtel. Elle encourage aussitôt son fils et, complice, s'arrange pour lui faire rencontrer Marc Allégret qui habite l'hôtel, le temps du tournage de son film *Parade en sept nuits*. Le réalisateur accepte de faire passer une audition à Gérard. Il est ébloui. Plus tard, il rapportera même que Gérard Philipe l'avait impressionné par une sorte de violence qu'il retenait et qu'on sentait, à tout instant, prête à bouillonner.
Peu de temps après, en cachette de son père, Gérard abandonne l'institut de droit et suit les cours d'art dramatique de Jean Huet à Nice et ceux de Jean Wall à Cannes, tout en cherchant à se faire engager, sans succès, pour de petits rôles dans *Lumière d'été,* de Grémillon, ou dans *Les Visiteurs du soir,* de Carné. Mais rapidement le destin se montre plus généreux. Claude Dauphin, qui venait de constituer pendant l'Occupation une troupe de théâtre en zone sud, offre au jeune Gérard un rôle dans *Une grande fille toute simple* d'André Roussin. La pièce est donnée au Casino de Nice et remporte un vif succès. Gérard y est

Page de droite : Gérard Philipe lors du tournage de *La fièvre monte à El Pao,* son dernier film.

Ci-dessus : Gérard en 1945 dans *Le Pays sans étoiles*. C'est son premier grand rôle au cinéma. Les critiques lui prédisent déjà un brillant avenir.

déjà remarqué. Il joue dans plusieurs autres pièces jusqu'en 1942, quand Marc Allégret, qui ne l'a pas oublié, lui propose son premier rôle au cinéma dans *Les Petites du quai aux fleurs*, auprès de Bernard Blier et Danièle Delorme. Cependant l'Histoire s'accélère. Lorsque le film est terminé en septembre 1943, les Allemands ont envahi la zone sud et occupent désormais la Côte d'Azur. Gérard Philipe décide alors de venir s'installer à Paris, dans l'appartement de ses parents. Aussitôt, grâce à l'appui de Svetlana Pitoëff, avec laquelle il a déjà joué, il obtient le rôle de l'Ange dans *Sodome et Gomorrhe* de Jean Giraudoux. Son interprétation y est très remarquée. Les critiques comme le public le trouvent déjà fascinant dans son costume tout blanc, et nombreux sont ceux qui lui prédisent un brillant avenir. Pourtant, ce premier succès ne lui tourne pas la tête. Au contraire ! Avec la modestie des grands, il se présente à l'examen d'entrée au Conservatoire d'art dramatique en octobre 1943. Il y est accepté sans difficulté et, après avoir suivi les cours de Georges Le Roy, il en sort en juin 1944 en remportant le second prix de comédie.

Mais l'heure est encore à la guerre. Les alliés viennent de débarquer en Normandie. Les premières barricades se dressent dans la capitale. Gérard s'engage alors avec les FFI dans la bataille pour la libération de Paris où il fait montre d'un courage exceptionnel. Les combats terminés, il reprend aussitôt sa carrière théâtrale et renoue immédiatement avec le succès dans le rôle de *Caligula*, écrit par Albert Camus.

UNE JEUNE STAR À L'IMAGE DE SA GÉNÉRATION

À cette époque, Gérard habite Saint-Germain-des-Prés, le lieu de rencontre de toute une jeunesse assoiffée de distractions mais aussi à la recherche d'un idéal pour construire des lendemains qui chantent. Gérard, comme les autres, danse, écoute de la musique et refait le monde sur des accords de jazz au Flore ou aux Deux-Magots. C'est dans cette atmosphère qu'il fait la connaissance d'Alain Resnais. Ils se lient d'amitié, et Gérard accepte de jouer dans son court métrage *Schéma d'une identification*, avant d'accepter son premier grand rôle au cinéma dans *Le Pays sans étoiles* de Georges Lacombe, avec Pierre Brasseur et Jany Holt. Les critiques sont excellentes, au point que certains suggèrent qu'on lui confie enfin des premiers rôles. Mais bientôt la fatigue doublée d'une maladie pulmonaire, qui l'affaiblira jusqu'au bout, obligent Gérard à se reposer. Sur les conseils d'un ami, il part alors dans un petit village des Pyrénées, chez Nicole Fourcade. La jeune femme est mariée à un diplomate qu'elle doit bientôt rejoindre à Nankin. Au fil des promenades en montagne, des discussions qui se prolongent, des rêves partagés, les deux jeunes gens tombent éperdument amoureux l'un de l'autre. Ne pouvant plus se quitter, Nicole décide de se rendre à Nankin pour divorcer de son mari. Quand elle reviendra, c'est promis, elle vivra avec Gérard...

C'est le cœur léger qu'il revient à Paris et entame le tournage de *L'Idiot* de Georges Lampin, auprès d'Edwige Feuillère, où il remplace Jean-Louis Barrault. Pour Gérard, ce film est décisif. Non seulement il y peaufine son art en jouant le prince Muichkine avec rigueur, mais surtout, il prend soudain conscience qu'au travers des rôles qu'il incarne il peut défendre les idées de sa génération. Cette véritable révélation, devenue aussitôt une ligne de conduite, l'incite à accepter le rôle de François dans *Le Diable au corps* de Claude Autant-Lara, où le jeune héros vit sa passion malgré les préventions de son époque.

Dans ce film, Gérard exprime toute la fougue de sa jeunesse, faite à la fois d'enthousiasme et de fragilité. Surtout, il s'applique à ne pas trahir le personnage de Radiguet. Il va même beaucoup plus loin : il s'identifie à lui. Pourtant, à la sortie du film les critiques ne sont pas unanimes, loin s'en faut. Une

Ci-dessous : Gérard dans *La Chartreuse de Parme*. Désormais, le comédien est devenu une star adulée par le grand public.

Ci-contre : dans *La Chartreuse de Parme*, Gérard Philipe campe un héros romantique, passionné et amoureux, qui enthousiasmera sa génération.

Page de droite : dans *La Beauté du Diable*, de René Clair, en 1949, Gérard interprète le rôle de Faust. À cette époque, conscient des dangers de la bombe atomique, il signe l'appel de Stockholm qui en exige l'interdiction absolue.

partie de l'intelligentsia du moment a du mal à accepter le film qu'on dit trop pessimiste, en dehors des conflits et des interrogations politiques du moment. Mais les moins de vingt ans se fichent bien de ces arguments. Il se reconnaissent dans le personnage de François et font un triomphe à Gérard Philipe. En quelques mois, celui-ci devient leur porte-parole. Évidemment, Hollywood propose aussitôt un magnifique contrat à Gérard. Cependant, celui-ci refuse. D'une part, il n'est pas certain de retrouver là-bas les mêmes conditions de travail qu'en France, mais surtout le rêve américain ne l'habite pas.

Plutôt que de traverser l'Atlantique, il préfère rejoindre Rome pour y interpréter Fabrice del Dongo dans *La Chartreuse de Parme* de Christian-Jaque. Une fois encore, il campe magnifiquement le personnage, passionné et amoureux, refusant de se faire doubler dans les scènes les plus difficiles comme celle de l'évasion de la tour Farnese qu'il exécute les mains en sang, suspendu à une corde d'une vingtaine de mètres. Même si quelques stendhaliens orthodoxes critiquent le film, il plaît unanimement à la critique et au public. Désormais, Gérard est non seulement adulé par les jeunes, mais aussi par le grand public. Il est devenu une star.

UN GRAND ACTEUR IMPLIQUÉ DANS L'HISTOIRE DE SON ÉPOQUE

C'est ainsi qu'en 1949 il accepte d'incarner René dans *Une si jolie petite plage* d'Yves Allégret. Film noir, pessimiste, il raconte l'histoire

d'un ancien pupille de l'Assistance publique qui revient sur les lieux où il a tué la vieille femme qui l'avait élevé. Là encore, la critique est très partagée. Entre ceux qui le descendent en flammes et ceux qui l'encensent, comme Jean Cocteau qui y voit « un total chef-d'œuvre », il n'y a pas de juste milieu. Il faut dire que Gérard déchaîne les passions. On l'aime ou pas, toujours sans nuance.
Après *Tous les chemins mènent à Rome* de Jean Boyer qui ne fut pas son meilleur rôle, Gérard s'engage alors totalement dans *La Beauté du Diable* de René Clair, qui lui propose le rôle de Faust face à Michel Simon qui interprète Méphisto.
Cette fois-ci, le film s'inscrit entièrement dans la réalité politique de l'époque. C'est le temps du grand débat sur la bombe atomique et ses utilisations militaires qui risquent de mener le monde à l'apocalypse.
Or, dans le film, Gérard n'est rien d'autre qu'un savant qui refuse de vendre son âme à la science. Gérard comprend alors la dimension du combat que mène le grand savant atomiste Joliot-Curie contre l'arme atomique et, convaincu, signe avec lui l'appel de Stockholm qui en demande l'interdiction absolue. Militant dans l'âme, il fait même du porte-à-porte pour recueillir un maximum de signatures, toujours avec la même fougue et la même conviction. Gérard n'est plus seulement un comédien célèbre, adulé même, il devient de plus en plus un témoin de son temps, engagé et fier de l'être.
À cette époque, Nicole est de retour d'Extrême-Orient. L'éloignement n'a pas éteint leur passion. Au contraire, plus heureux que jamais, ils emménagent tous les deux dans un nouvel appartement à Neuilly. Hélas, Gérard, épuisé par l'activité

Ⓞ *Ci-contre :* face à Michel Simon qui incarne Méphisto dans *La Beauté du Diable*.

Ⓞ *Page de droite, en haut :* Gérard avec Jean Vilar, le créateur du TNP. Ensemble, ils redonnèrent ses lettres de noblesse au théâtre populaire.

Ⓞ *Page de droite, en bas :* en 1950, la troupe du TNP part en tournée en Allemagne pour jouer *Le Cid*.

soutenue qu'il a déployée durant les mois précédents, doit à nouveau faire face à la maladie.
Une rechute de tuberculose l'oblige à s'installer avec sa compagne dans une auberge près de Rambouillet, pour s'y reposer.

Cependant l'inactivité pèse à Gérard. Il ne se sent jamais mieux qu'en agissant et, dès le mois de juillet 1950, il attaque le tournage de *Juliette ou la clé des songes* de Marcel Carné. Le projet enthousiasme l'acteur. Il sait qu'il va retrouver l'atmosphère du Midi, si chaleureuse, si chantante, qui a marqué ses années de jeunesse. Pour lui, c'est comme un retour aux sources...
Pourtant, à sa sortie au festival de Cannes, le film est « exécuté » par la presse et l'accueil du public est assez mitigé. C'est un échec. Après tout qu'importe ! Son talent n'est pas en cause, pas plus que celui de Carné. Et puis quoi ! Il a assez de répondant pour prendre sa revanche...

FANFAN ÉPOUSE NICOLE

Et sa revanche est éclatante. Au théâtre d'abord, avec une interprétation magistrale de Rodrigue, dans *Le Cid*, au festival d'Avignon, avec et sous la direction de Jean Vilar. Le triomphe qu'ils obtiennent ensemble permet la relance du TNP. Gérard y restera fidèle. Dans les années qui suivront, il y jouera même très souvent jusqu'à en devenir l'un de ses symboles vivants. Selon lui, jouer au TNP, c'était se retrouver devant un public populaire, une excellente occasion de s'évaluer soi-même. Car, malgré ses énormes succès,

Ci-dessus : le 28 novembre 1955, avec Simone Signoret et Yves Montand, Gérard accueille une délégation du cinéma soviétique conduite par l'acteur Nicolas Tcherkassov.

Gérard ne pensait toujours qu'à une chose : progresser, progresser encore, progresser toujours.

Sa revanche, il l'obtient aussi au cinéma avec *Fanfan la Tulipe* de Christian Jaque. Pour Gérard, ce rôle est une aubaine. Le personnage lui ressemble tellement qu'il peut y mettre tout son entrain et sa gaieté, son humour aussi. Cette fois-ci, le succès est incontestable. Grâce à lui, l'acteur fait même la conquête du monde puisque le film est vendu dans plus de cinquante pays. Gérard est profondément heureux, d'autant plus qu'en cette même année il peut enfin épouser l'unique amour de sa vie, Nicole Fourcade, qui prend le nom de Anne Philipe. Tout cela dans une intimité peu tapageuse qui convient parfaitement aux deux amoureux. En effet, ils sont aussi discrets l'un que l'autre et tiennent par-dessus tout à préserver leur vie privée. Ils ne dérogeront d'ailleurs jamais à la règle, à tel point qu'ils refuseront toujours de faire la une des magazines.
En effet, si le succès fulgurant de *Fanfan* a fait de Gérard une star internationale, l'homme n'a pas changé. Il continue son chemin, choisissant ses rôles au fil des coups de cœur et des amitiés et sans souci de vedettariat.
Ainsi, au début de l'année 1952, il interprète un sketch dans *Les Sept Péchés capitaux* de Georges Lacombe et, en avril, entame le tournage de *Belles de nuit* de René Clair. On le voit ensuite dans *Les Orgueilleux* d'Yves Allégret avec lequel il est resté lié. Il y incarne Georges, un médecin alcoolique qui retrouve sa dignité grâce à l'amour, et à son métier qu'il doit à nouveau exercer au cours d'une épidémie. Sans aucun doute, il s'agit là de l'un des meilleurs rôles de composition de Gérard. D'ailleurs la critique ne s'y trompe pas et, au festival de Venise, il reçoit le Lion de bronze.

Autant de succès et d'engagements qui le font voyager dans le monde entier, la plupart du temps avec Anne, qui maintenant partage complètement sa vie. Il est d'autant plus heureux que d'autres grands rôles l'attendent, tel *Monsieur Ripois* de René Clément qu'il interprète à Londres. Ce rôle, à l'opposé de *Fanfan la Tulipe*, l'intéresse prodigieusement. Il doit y incarner un homme exilé à Londres, véritable anti-héros complètement désespéré, qui passe de femme en femme, sans autre succès que de se retrouver toujours face à lui-même, jusqu'à ce qu'il finisse paralysé, dans un fauteuil roulant, poussé par deux d'entre elles. Comme d'habitude Gérard a étudié méticuleusement le personnage, enrichissant sa personnalité de multiples détails.

Cette fois, la critique est unanime. L'acteur est jugé prodigieux, même par les plus exigeants…

Pour Gérard, l'année 1954 s'ouvre en fanfare avec le tournage du film de Claude Autant-Lara, *Le Rouge et le Noir*, où il incarne un étonnant Julien Sorel avec Danièle Darrieux comme principale partenaire. Mais le film est malheureusement amputé pour les besoins de l'exploitation et laisse les critiques sur leur faim. Ce n'est pas grave, d'autant plus que le public continue de fêter Gérard et que plusieurs événements heureux ponctuent sa vie privée. Avec Anne, il vient de faire l'acquisition d'une maison près de Cergy dont il aménage lui-même le parc et, le 21 décembre, c'est la naissance d'Anne-Marie, leur premier enfant. Gérard et Anne sont profondément heureux. Ils partagent leur bonheur simplement, sans ostentation et surtout sans jamais céder aux artifices du « star-system ». Après *Les Grandes Manœuvres,* qu'il interprète sous la direction de René Clair, Gérard enchaîne avec *La Meilleure Part* d'Yves Allégret. Un film difficile, peu racoleur, où, au travers de l'histoire de la construction d'un barrage, sont abordés les problèmes sociaux de l'heure. Gérard y met toute sa fougue d'homme engagé. Pour lui, c'est une manière de militer. Après un voyage triomphal en URSS, en octobre 1955, où il est accueilli comme un héros, Gérard accepte de jouer *Till l'Espiègle* sous la direction de Joris Ivens. En fait, Gérard s'y impose autant comme acteur que réalisateur. Il participe à l'écriture du scénario, dirige les autres comédiens, intervient dans la mise en scène avec une fébrilité joyeuse. Rien d'étonnant ! Cela correspond à un désir ancien qui peut enfin se réaliser : devenir à son tour metteur en scène. Toutefois, le film ne bénéficie pas d'une sortie favorable dans les salles. En effet, des émeutes éclatent à Paris au même moment et il passe quasiment inaperçu. Certes, Gérard est déçu. Il a beaucoup mis de lui-même dans cette production, investissant énormément d'énergie, d'argent et aussi de talent. Mais il oublie bien vite. Olivier son second enfant, vient de naître…

Se succèdent alors une série de films, pourtant pas plus mauvais que d'autres, qui n'auront que peu ou pas de succès. *Montparnasse 19* de Jacques Becker où il interprète Modigliani avec Anouk Aimé, *Pot-Bouille* de Julien Duvivier, *La Vie à deux* de Clément Duhour et enfin *Le Joueur* de Claude Autant-Lara, ce qui est plus surprenant. Sans doute son image d'homme engagé, devenu président du Syndicat des acteurs déplaît-elle à un certain public ? Toujours est-il qu'il doit attendre *Les Liaisons dangereuses* de Vadim pour renouer avec le succès.

Ci-dessous : Gérard et Danièle Darrieux dans *Le Rouge et le Noir,* de Claude Autant-Lara. Le film, malheureusement amputé par les distributeurs, laissera les critiques et le public sur leur faim.

UNE FIN AUSSI DOULOUREUSE QU'INATTENDUE

Quelques semaines plus tard, Gérard part à Mexico pour les premières prises de vue de *La fièvre monte à El Pao*, de Luis Bunuel. Là-bas, il se sent affreusement fatigué et demande à Anne de venir le rejoindre. Personne ne s'inquiète vraiment. Il s'agit sans doute du mal de l'altitude, fréquent dans cette capitale située à deux mille mètres. Le tournage se déroule sans encombre, puis c'est le retour avec un crochet par Cuba où Fidel Castro reçoit le couple.
De nouveau en France, au début de l'été 1959, Gérard se sent de plus en plus las. De cette fatigue dont il ne parvient plus à se défaire depuis quelques mois déjà et qu'il a toujours traitée avec indifférence, trop accaparé qu'il était par son travail et ses engagements militants. Mais désormais, sa lassitude est trop grande et il se décide à partir en vacances avec sa famille à Ramatuelle, puis dans leur propriété de Cergy.
Heureusement, au fil des semaines, Gérard se sent de mieux en mieux et, euphorique, il se décide à aller en Angleterre avec Anne afin d'y voir Laurence Olivier interpréter Shakespeare.
Cependant, dès son retour, cette horrible fatigue qu'il croyait avoir vaincue l'envahit à nouveau. Cette fois, le doute s'installe. Anne s'inquiète. Et si c'était grave ? Elle le convainc alors d'aller consulter des amis médecins qui lui font subir une série d'examens. Bien vite, il s'avère qu'il ne s'agit pas seulement de surmenage, mais d'un abcès amibien au foie qu'il faut

opérer d'urgence. Certes, c'est ennuyeux, mais c'est explicable. Gérard a sans doute contracté ce mal au Mexique...
L'opération a donc lieu le 9 novembre 1959. Gérard s'y rend confiant et déjà pressé de pouvoir reprendre ses activités.
Seulement, au cours de l'opération, les médecins découvrent la vérité, indécelable autrement : Gérard est atteint d'un cancer primaire au foie, totalement incurable. Au mieux, prévoit-on, il en a pour six mois...
Anne, mise dans la confidence, décide de lui cacher la vérité et quand il sort de la clinique le 19 novembre, c'est tout à fait rassuré qu'il fait le projet de partir aux sports d'hiver en famille. Après quoi, pense-t-il, il sera tout a fait remis et pourra se consacrer à son grand projet : monter *Hamlet* pour le TNP.
Mais le 25 novembre, le destin en décide tout autrement. Alors que Anne est partie accompagner les enfants à l'école, il décède subitement dans sa chambre... Il n'a que trente-sept ans.

Dès l'annonce de son décès, c'est la consternation en France et dans le monde. Une foule considérable se masse très vite devant son domicile pour lui rendre un dernier hommage. Sur toutes les radios, à la télévision, on parle déjà de lui au passé, on lui accole tous les surnoms : le Prince de Hombourg, Le Cid, Fanfan...
Pendant ce temps, l'habilleuse du TNP, avec l'aide de René Clair, revêt l'artiste du costume du Cid qu'il portait chaque soir au TNP et presque aussitôt le fourgon mortuaire prend la direction de Ramatuelle.
Dès le lendemain, Gérard y est enterré dans le petit cimetière qui domine le village. Autour de la tombe, les habitants de Ramatuelle, quelques amis très proches et Anne, seule, qui jette une dernière fleur dans la fosse...

Ci-dessus : Gérard avec sa femme Anne et quelques amis sur la plage de Saint-Tropez.

Page de gauche, en haut : Gérard en compagnie de Roger Vadim et des acteurs du film à la sortie des *Liaisons dangereuses*.

Page de gauche, en bas : Gérard lors des vendanges à Ramatuelle. C'est dans ce village qu'il aimait tant qu'il fut enterré.

Romy Schneider

La mort prématurée de Romy Schneider fut ressentie comme un séisme affectif. Sans doute parce qu'elle avait, plus que toute autre, su nous toucher, nous émouvoir. Parce qu'elle avait été l'une de ces actrices dont on aurait aimé être l'ami, le confident.

QUAND le 29 mai 1982 les médias annoncèrent son décès, tous ceux qui l'avaient connue, personnellement ou par l'intermédiaire du grand écran, furent touchés.
Était-ce possible ? Était-elle réellement morte ? Pourquoi elle ? Autant de questions naïves, voire stupides, qui ne servent qu'à cacher un profond désarroi. Le public n'accepte pas la disparition des gens qu'il aime. Sans doute est-ce pour cette raison que maintes rumeurs ont circulé sur la survie – dans des conditions rocambolesques – d'un John Kennedy ou d'un Elvis Presley. Il y a là une part de vérité, hélas ! détournée, salie, voire, en certains cas, manipulée. Il n'est point besoin de retraite secrète, de château caché, de résidence aussi lointaine qu'incertaine... Une personne que l'on a aimée est éternelle.
Elle s'absente – un peu plus longtemps qu'à l'habitude. Point final.
Tel est le cas de Romy Schneider.

Romy Schneider – de son vrai nom Rosemarie Magdalena Albach – est née à Vienne le 23 septembre 1938. Sa grand-mère, Rosa Retty, était une grande actrice de théâtre.
Ses parents, Wolf Albach Retty et Magda Schneider, étaient des célébrités du cinéma austro-allemand.
Une prédestination ? Ce n'est pas certain. Une aide ? C'est probable. Encore fallait-il que la jeune Romy ait envie de choisir cette difficile carrière. Les comédiens sont des rois sans dynastie – du moins sans dynastie officiellement reconnue. Si les Barrymore, les Fonda, les Redgrave, pour ne citer que quelques noms, ont si bien survécu dans ce marigot qu'est le septième art, c'est qu'ils avaient du talent. Quand on est issu d'une famille célèbre au niveau cinématographique, il n'y a que deux options : sans talent, on fait deux, voire trois films ; avec du talent, on se fait un prénom.

1938. Sinistre période où le cinéma n'est pas la priorité absolue, en Allemagne. Il y a les nazis, qui aiment *leur cinéma*. C'est tout autre chose. La famille Schneider quitte l'Allemagne. Tout comme le firent Fritz Lang et beaucoup

Page de droite : belle, grave, touchante, Romy Schneider dans *Le Train*, de Pierre Granier-Deferre, en 1973.

Ci-dessus : Romy au Festival de Cannes en 1957. Elle termine *Sissi face à son destin*, le dernier de la série. Elle est déjà célèbre, mais elle veut à tout prix sortir de ce rôle qui étouffe son talent.

d'autres, et s'installe à Schönau, dans les Alpes bavaroises. C'est dans ce paradis, faits de torrents et de sapins, que grandit la petite Romy. Un paradis qui cache en fait un enfer. En 1945, les parents de la petite fille divorcent. Ce drame familial occulte la fin de la guerre. À onze ans, Romy entre au pensionnat Goldenstein, aussi triste que tous les pensionnats du monde, l'un de ces endroits sinistres où l'autorité et la discipline prévalent largement sur l'éducation. Romy ne se laisse pas faire par ces bourreaux déguisés en professeurs. Elle rêve. Elle s'évade. Elle lit, se passionne pour les langues, pour le théâtre. Les obscurantistes ne peuvent étouffer son esprit libre et vif. 1953. La Seconde Guerre mondiale est terminée depuis huit ans. Magda Schneider s'est remariée avec un riche restaurateur, Hans Herbert Blatzheim. Romy, qui a maintenant quinze ans, quitte enfin les murs hostiles de son pensionnat.

Ses désirs artistiques sont de plus en plus présents. Elle entre à l'école des beaux-arts de Cologne.
Et cette année-là, le destin, qui s'était trop assoupi, daigne enfin s'éveiller.

L'IMPÉRATRICE DU CINÉMA

Le réalisateur Hans Deppe cherche une jeune débutante pour son film *Les Lilas blancs*. Magda propose sa fille, qui est engagée après un essai éblouissant.
Le film est un succès. Jeune, jolie et talentueuse, Romy est remarquée. Sans le savoir, elle vient de mettre le doigt dans un engrenage terrible. Elle est, comme l'on dit, « entrée dans le cinéma ». Mais pas n'importe lequel. Celui que Michel Azzopardi qualifie si bien de « tunnel du cinéma allemand ».
Des films mièvres, stupides, sans intérêt. Des niaiseries élevées au rang du septième art !
Romy a, elle aussi, traversé ces « vingt ans de tunnel ».
Son succès dans *Les Lilas blancs* lui avait attiré de nombreuses propositions. Elle – ou, comme d'aucuns le disent, sa mère – n'avait su y résister.
De *Feux d'artifice* à *Un petit coin de paradis*, en passant par *Mon premier amour* ou *Mademoiselle Scampolo*, ce ne sont que navets aujourd'hui impossibles à revoir, même pour un amateur de kitsch.
Toutefois, au cours de cette carrière qui ne s'annonçait guère glorieuse, elle rencontra Ernst Marischka, réalisateur d'origine autrichienne. Après deux films, dont un sublime « nanar » consacré à la Vienne de la reine Victoria, il offrit à sa jeune et belle actrice favorite le rôle qui allait la rendre célèbre dans le

monde entier : celui de Sissi.
Trois films furent réalisés : *Sissi, Sissi impératrice, Sissi face à son destin*.
Cependant avec cette trilogie, la gloire et le malheur, tout à la fois, venaient de s'abattre sur Romy.
Certes, elle était devenue une star internationale, mais elle se sentait emprisonnée par cette mièvre image d'Élisabeth d'Autriche que donnait les films d'Ernst Marischka. En fait, elle était coincée dans ce piège, doux et terrible, qu'est le rôle qui dévore une actrice.
Après son dernier *Sissi*, en 1957, Romy resta engluée dans ces rôles sans intérêt qui ne lui permettaient pas d'exprimer son immense talent. Ce ne fut que *Katia*, *Christine* ou *Eva*... Peut-être même eut-elle peur, un instant, d'être condamnée à faire tout le calendrier !
Fort heureusement, à cette époque, le destin veillait encore sur elle.
Elle n'avait pas achevé son parcours.
Tant s'en fallait ! Elle ne l'avait même pas commencé...

Pendant le tournage de *Christine*, en 1958, elle avait rencontré Alain Delon, qui, sans être la star qu'il est devenu depuis, était déjà célèbre en France. Il y eut le film, il y eut l'amour entre eux, il y eut l'épanouissement de Romy...
Comme un feu qui s'éteint, une époque qui s'achève, elle tourna encore une ou deux « niaiseries ». Mais sa très brève figuration dans *Plein Soleil*, où jouait Alain Delon, a sans doute plus de valeur que *La Belle et l'Empereur* qu'elle venait de tourner auparavant.
Sissi-Katia rangeait les oripeaux fanés d'un cinéma désuet au vestiaire. Elle quittait *Point de vue et images du monde* pour rejoindre *Les Cahiers du cinéma*.

Ci-dessus : Romy dans *Mademoiselle Cri-Cri*, l'un de ces films sans intérêt dans lesquels les producteurs la cantonnaient.

Ci-contre : Romy avec Magda, sa mère – l'une des plus grandes comédiennes du cinéma austro-allemand – qui veilla jalousement sur sa carrière.

Page de droite : Romy années 60. Le début de la métamorphose.

Ci-dessus : Romy et Alain Delon visitent en 1958, avec Pierre Gaspard Huit, le château de Versailles pendant le tournage de *Christine*. Il y eut le film, il y eut l'amour et le bonheur…

QUAND SISSI DEVIENT MADO

Elle réussit cet exploit unique sans quitter ni trahir son public.
1961. Grâce ou, plus précisément, avec Alain Delon, elle rencontre le grand maître Luchino Visconti. Le théâtre d'abord, avec *Dommage qu'elle soit p...* Puis le cinéma, avec un sketch dans *Boccace 70*.
Là, elle n'est plus la « bécasse » que certains avaient vue. Elle est une immense actrice, pleine d'humour et de sensualité, provocante de surcroît.
Quand elle se déshabille, ce ne sont pas ses vêtements qu'elle ôte, mais ceux de Sissi.
Elle était connue. Elle est maintenant reconnue.
Les Américains, et non des moindres, font appel à elle : Orson Welles, Otto Preminger... Hélas ! comme c'est souvent le cas pour les actrices européennes, elle ne fera pas carrière aux États-Unis.
Les films qu'elle tourne n'obtiennent pas le succès que l'on pouvait espérer. L'infantilisme notoire et le protectionnisme « culturel » des studios d'outre-Atlantique ne conviennent guère aux comédiennes et comédiens du Vieux Continent.
Romy revient en Europe. Au printemps 1965, elle rencontre à Berlin Harry Meyen, un célèbre metteur en scène de théâtre, également directeur du Kömedie Theater. Ils ont un point commun : l'amour de la scène. Il lui propose d'interpréter *Mademoiselle Julie* de Strinberg. Ce projet ne verra jamais le jour mais il leur a permis de se rencontrer fréquemment et de s'apprécier. Ils ne se quittent plus.
Le 15 juillet 1966, ils se marient à Saint-Jean-Cap-Ferrat.

Ci-dessus : Romy et Harry Meyen son mari, avec leur fils David. À cette époque, Romy est au comble du bonheur. Le destin en voudra autrement…

Une cérémonie qui passera d'autant plus inaperçue qu'elle eut lieu le lendemain de la très médiatique union entre Brigitte Bardot et Gunther Sachs.
Avec la naissance de David, le 3 décembre 1966, Romy est au comble du bonheur. Un mari qu'elle aime, un fils qu'elle adore… Aurait-elle enfin réussi sa vie privée aussi bien que sa vie professionnelle ?
À cette époque elle tourne beaucoup en France. *La voleuse*, film méconnu de Jean Chapot, où pour la première fois elle rencontre Michel Piccoli.
Puis c'est *La Piscine*. C'était, si l'on omet la brève apparition « amoureuse » que fit Romy dans *Plein Soleil*, la deuxième et dernière fois où le « couple parfait » Delon-Schneider était réuni à l'écran. La recette paraissait d'ailleurs si bonne que plus tard d'autres penseront à s'en resservir : Luchino Visconti pour *L'Innocent*, Alain Terzian pour *L'Un contre l'Autre*. Mais ces projets n'aboutiront jamais.
Le succès de *La Piscine*, sans être immense (350 000 entrées sur Paris, à comparer aux 770 000 entrées que réalisa *Le Vieux Fusil*), fut néanmoins au rendez-vous.
Et surtout, ce fut d'une part un grand succès critique et d'autre part l'ouverture pour un nouveau type de personnage dont Claude Sautet et d'autres sauront tirer le maximum.
En cette année 1969, les bons films s'enchaînent pour Romy : *les Choses de la vie*, *Bloomfield* réalisé par l'acteur Richard Harris et demeuré inédit en France…
Puis c'est, en Italie, *La Califfa*, avec Ugo Tognazzi, très beau reflet des

idéaux utopiques des années 70. Romy y interprète une ouvrière forte et libre qui pousse le directeur d'une usine à donner ses actions aux ouvriers afin qu'ils s'autogèrent... Elle est belle, forte, engagée, pathétique. Elle y piétine encore un peu plus le fantôme de Sissi en tournant nue. On sent chez elle une volonté de plus en plus affirmée d'effacer l'odeur doucereuse qui flotte toujours autour d'elle. Elle veut aller loin, toujours plus loin. Et c'est en allant plus loin qu'elle devient de plus en plus grande.
En 1970, elle retrouve Claude Sautet, avec qui elle tournera certains de ses plus grands films. *Max et les ferrailleurs* lui offre un rôle extraordinaire. Face à son partenaire et ami, Michel Piccoli, elle est parfaite. Tout sonne juste. Joseph Losey ne s'y trompe pas qui la choisit pour jouer, aux côtés d'Alain Delon, dans *L'Assassinat de Trotsky*.
1972. On propose de nouveau à Romy d'interpréter le rôle de Sissi. Et elle accepte. Cela peut paraître étrange, mais il y avait une raison : le « on » a pour nom Luchino Visconti et le film s'intitule *Le Crépuscule des dieux*. Alors oui, Romy accepte. D'abord parce que c'est le maître et peut-être parce que c'est une sorte de thérapie pour se débarrasser une fois pour toutes de ce personnage si « collant »...
Après ce film tourné en Italie, elle retrouve Claude Sautet pour *César et Rosalie*. Quiconque, aujourd'hui, revoit ce film ne pourra s'empêcher d'être bouleversé par une phrase qu'elle dit à Samy Frey « J'ai envie

Ci-dessus : Romy Schneider lors du tournage de *Max et les Ferrailleurs*, dans lequel elle interpréta l'un de ses plus grands rôles.

de vivre longtemps, très longtemps, aussi vieille que mes enfants. »

SEULE FACE À SON CALVAIRE

Romy continue à tourner beaucoup. Des films très bons, des films moins bons. En 1974, c'est *L'important c'est d'aimer* d'Andrzej Zulawski, qui n'était pas encore entré dans sa fureur hystérique et stérile. Romy alias Nadine Chevalier y est absolument sublime. Actrice brisée, femme humiliée, elle met dans son interprétation tout ce qui est en elle. Plus que sa réplique à Sami Frey dans *César et Rosalie*, c'est peut-être ce film qui incarne le mieux le destin tragique qui allait être le sien. Car tout ce qu'elle exprime dans ce film, elle le vit, elle le sent, elle le gère. Et, pour citer Jean-Paul Sartre : « Le destin est le libre choix que l'homme fait de lui-même. »

Ci-dessous : Romy des années 70, la décennie de ses plus grands succès, de *César et Rosalie* au *Vieux Fusil*.

Les films qui suivent, aussi bons soient-ils, paraissent bien fades en comparaison à *L'important c'est d'aimer*. *Le Vieux Fusil*, en 1975, eut un immense succès populaire. Cela ne réconforta pas Romy qui, cette année-là, divorçait de son mari Harry Meyen. En effet, au fil de ses contrats, rendez-vous et voyages, son amour fou pour lui s'est effiloché lentement mais sûrement.

Cette séparation va même tourner au sordide. Afin de pouvoir garder son fils qu'elle chérit plus que tout, Romy accepte de verser des dommages et intérêts à son mari. Elle y perdra la moitié de sa fortune. Heureusement elle n'est pas seule. Dès 1972, elle avait engagé un secrétaire, Daniel Biasini, qui avait su la comprendre, la réconforter et l'écouter. Petit à petit, il était devenu son homme de confiance et ce, malgré ses vingt-cinq ans.

Le 18 décembre 1975, dès que son divorce avec Harry Meyen est prononcé, Romy épouse Daniel. Hélas ! Une fois de plus son bonheur sera altéré par un drame. En janvier 1976, elle perd l'enfant qu'elle attendait de son nouveau mari.

Romy, habituée à relever les défis que le destin lui a toujours imposés, se remet au travail avec d'autant plus d'énergie que ses amis Claude Sautet et Michel Piccoli lui proposent un rôle bref mais puissant dans *Mado*.

Mado est un film sans doute moins célèbre que *Le Vieux Fusil*, mais beaucoup plus intéressant. Que dire de mieux et de plus beau que ce qu'a dit Michel Piccoli dans *Dialogues égoïstes* : « Dans *Mado*, Romy a un rôle très court. Elle ne l'a pas accepté par respect ou sollicitude pour le metteur en scène, mais son personnage reflétait une solitude qui l'intéressait. L'image furtive d'une dérive. »

Et en effet, tous ceux qui voient ou revoient ce film aujourd'hui ont l'impression que l'actrice criait « au secours ! ».

Il y avait dérive. Le temps passait. Romy buvait, buvait beaucoup. Mais que tous ceux qui s'autorisaient à porter un jugement péremptoire sur son alcoolisme s'abstiennent à tout jamais de prendre une aspirine

◙ *Ci-contre :* en 1980, Romy tourne *La Banquière*, alors qu'un terrible drame vient d'ébranler sa vie.

quand ils ont mal à la tête, un sirop quand ils toussent, de donner un coup de téléphone quand ils se sentent seuls, voire de dormir quand ils ont sommeil. Romy appelait, tout simplement. Elle n'a pas été entendue.
Certes elle travaillait toujours. Elle était sollicitée par des « grands ». 1978 : Sautet. 1979 : Costa-Gavras, Bertrand Tavernier. Même si *Une histoire simple* lui vaut un second césar – après celui qu'elle avait obtenu pour *L'important c'est d'aimer* –, éprouvait-elle quelque bonheur à tant de reconnaissance ? Le 15 avril, elle apprend que son ex-mari, Harry Meyen, s'est pendu dans son appartement de Hambourg.
À peine remise de ce choc – le fut-elle jamais ? –, elle accepte un rôle dans *La Banquière* de Francis Girod. Il lui faut tourner, travailler pour tenter d'oublier. Elle part pour l'Italie où l'appelle Dino Risi. Puis elle enchaîne avec *Garde à vue* de Claude Miller, qui sera un immense succès.
Hélas ! la spirale du malheur est en marche. En février 1981, elle se sépare de son second mari, Daniel Biasini. Lors d'un séjour à Quiberon, elle se fracture la cheville. Mais elle doit regagner Paris où l'attend Jacques Rouffio pour son prochain film, *La Passante du Sans-Souci*.
La veille des prises de vue, Romy est frappée par de violentes céphalées et des douleurs lombaires. Elle entre à l'hôpital américain de Neuilly où elle est opérée et subit l'ablation du rein droit. Sa convalescence sera longue : plus de seize semaines. Romy est totalement déprimée. Elle repense à cette série de malheurs : le suicide de son premier mari, la séparation d'avec le second, cette maladie qui retarde le film de Rouffio. Pourtant, elle n'est pas encore au terme de son calvaire.

Le 5 juillet 1981, son fils David s'empale sur des pointes d'acier en escaladant la grille d'une propriété. Il succombe dans les heures qui suivent.
Il serait aussi absurde qu'indécent de parler de la douleur de Romy en ces moments. C'est hélas ce qu'a osé faire une certaine presse qui l'a poursuivie des Seychelles, où elle s'était réfugiée, jusqu'à son appartement du septième arrondissement de Paris.
En 1964, Romy Schneider avait commencé à tourner un film de Henri-Georges Clouzot. À l'époque, ce film était resté inachevé.
Son titre : *L'Enfer*. Il semblait que, pour Romy, le temps voulait terminer ce film.
Revenue à Paris, elle refait des projets, tente d'oublier les horreurs qui l'ont frappée. Elle a des projets : du théâtre, du cinéma. Elle est demandée par tous.
Le 28 mai 1982, elle se rend à une soirée qu'elle quitte vers 1 heure du matin. Elle est avec son compagnon Laurent Pétin, qui va se coucher. Elle décide de rester dans le salon afin d'écrire un peu.
Le lendemain matin, vers 7 h 30, Laurent Pétin découvre Romy inanimée, étendue sur le canapé. Les pompiers, appelés d'urgence, ne peuvent que constater le décès de la célèbre comédienne. Crise cardiaque dira le rapport d'autopsie.
Le 2 juin, ses obsèques ont lieu au cimetière de Boissy-Sans-Avoir. Des milliers d'amis, d'admirateurs, célèbres ou anonymes, sont là. Mais aujourd'hui, treize ans après sa mort, ce sont des millions de spectateurs qui devant le grand écran des salles ou le petit écran des téléviseurs revoient, toujours avec le même plaisir, cette actrice unique que fut Romy.
Romy n'est pas morte.

Ci-contre : Romy dans *Clair de femme*, en 1979.

Page de gauche : le personnage de Marthe Hanau, la « banquière » – une femme seule –, trouve un écho douloureux dans la vie privée de Romy, qui, en 1981, perd son fils dans des conditions atroces.

NATALIE WOOD

Précoce, talentueuse, belle et adulée, elle incarna à la perfection le mal de vivre de la jeunesse américaine des années 60 avant de séduire les plus grandes gloires du cinéma. Pourtant, elle ne fut jamais comblée…

Page de droite : Natalie Wood en 1955.

Ci-dessous : Natalie fut une actrice précoce. Orson Welles disait d'elle : « C'est une enfant terrifiante de naturel. »

NÉE le 20 juillet 1938, de l'union de la danseuse Maria Kuleff et d'un décorateur de cinéma, Nicholis Gurdin, Natalie commence sa carrière dès l'âge de quatre ans, un peu par hasard, en 1943, lors du tournage de *Happy Land* d'Irving Michel.
Ce dernier, qui a engagé les deux parents de Natalie pour faire de la figuration, engage la petite Natalie pour une scène, dans laquelle elle doit faire tomber son *ice-cream* dans une bousculade et pleurer.

Elle s'en tire très bien, si bien d'ailleurs qu'elle est remarquée par le public, ce qui incite le metteur en scène à récidiver deux années plus tard pour le film *Tomorrow Is For Ever*. Mais cette fois-ci, conscient qu'il dispose d'un réel talent, il lui donne un vrai rôle auprès de Colette Colbert et d'Orson Welles. Choix judicieux si l'on s'en réfère à la déclaration d'Orson Welles à la fin du tournage : « Cette enfant est terrifiante de naturel », et plus encore à en juger par l'accueil enthousiaste que lui réserve le public. Déjà, son nom circule sur toutes les lèvres. Sans aucun doute elle sera l'une des prochaines étoiles du cinéma… Bref, la petite fille est déjà une star, l'égale d'une autre « bébé-vedette », Shirley Temple. Natalie tourne alors huit films en cinq années, donnant sans complexe la réplique à Rex Harrison, James Stewart, Bing Crosby ou Rock Hudson, les charmant à tour de rôle jusqu'à leur voler la vedette dans le cœur des enfants et même de leurs parents.

Mais, les années passant, Natalie grandit et bientôt, sans qu'on en ait

Ci-dessus : Natalie avec James Dean et Sal Mineo dans *La Fureur de vivre*. Elle enflamme des millions d'adolescents en embrassant pour la première fois son partenaire James Dean.

Page de droite : Natalie et Robert Wagner – l'un des jeunes premiers les plus célèbres d'Hollywood –, le jour de leur mariage, en 1957.

pris vraiment conscience, elle est devenue une adolescente, belle, vive et talentueuse. Plus question alors de lui confier des rôles de petite fille. Elle peut et doit désormais jouer dans la cour des grands. C'est ce que comprend Victor Saville en l'engageant pour *Le Calice d'argent* auprès de Paul Newman, un tout jeune acteur, lui aussi en train de faire ses preuves. Natalie s'en tire à nouveau très bien au point que le doute n'est plus permis. On a bien à faire à une grande actrice...

Il lui faut toutefois attendre l'année 1955 pour être enfin propulsée au firmament. Cette année-là, Nicholas Ray l'engage pour jouer dans *La Fureur de vivre* auprès de James Dean. C'est un vrai miracle. Incarnant à la perfection le mal de vivre de cette jeunesse américaine déchaînée, assoiffée de vitesse et de danger, Natalie est plébiscitée, ovationnée. Elle l'est d'autant plus qu'elle vient d'enflammer plusieurs millions d'adolescents en embrassant pour la première fois James Dean. Déjà star comblée, elle entre cette fois-ci dans la légende comme son partenaire, mais aussi comme Elvis, la nouvelle star du rock n'roll. Son nom ne pourra plus jamais s'effacer des mémoires, pas plus que ses empreintes dans le ciment de Sunset Boulevard.

LA STAR DE TOUS LES CAPRICES

Dès lors, tous les espoirs lui sont permis et Natalie vole de succès en succès. En une même année (1956), elle tourne deux westerns intéressants, l'un avec John Wayne, *La Prisonnière du désert*, sous

la direction du prestigieux John Ford, l'autre avec Ed O'Brien, *Un cri dans la nuit*, sous la direction de Frank Tuttle. On ne parle plus que d'elle, tout lui est pardonné, y compris ses frasques de vedette. Elle peut bien faire construire une villa transformée en temple. Peu importe qu'à dix-neuf ans elle se fiance avec Nicky Hilton, le magnat de l'hôtellerie mondiale, pour rompre aussitôt !
Tout le monde comprend que cette jeune fille, à l'instar des rôles qu'elle incarne au cinéma, ait un besoin effréné de vivre.
C'est alors le temps des idylles, vraies ou fausses, qui font le bonheur des magazines. On veut tout savoir sur elle. Elle est mythique, intouchable, irréelle !
En 1957, elle déjoue tous les pronostics des échotiers en épousant Robert Wagner, l'un des jeunes premiers les plus célèbres d'Hollywood. Mais ce mariage n'est pas de pacotille. Il dissimule une histoire d'amour, une vraie !
De celles qui embrasent les cœurs et les imaginations. Cet amour, elle le porte en elle depuis l'âge de dix ans, quand elle a rencontré Robert pour la première fois dans les couloirs de la Fox. Ce jour-là, son cœur a battu très fort. Si fort qu'il se passera nécessairement quelque chose entre eux un jour…
D'ailleurs, elle le déclare aussitôt à sa mère : « Tu vois ce garçon, là-bas, eh bien, un jour, je me marierai avec lui ! »
C'est donc chose faite en 1957, et cela dure cinq ans. Autant d'années de bonheur en attendant qu'un nouveau miracle relance sa carrière.

WEST SIDE STORY

Natalie est confiante et a raison de l'être. On ne l'a pas oubliée, surtout Elia Kazan qui lui offre, en 1961, le rôle principal du film *La Fièvre dans le sang*. Il sait ce qu'il fait. Toujours aussi belle, aussi spontanée et représentative de cette jeunesse déboussolée du moment, Natalie saura incarner à la perfection une jeune fille américaine qui passe de la révolte à la résignation. Il ne s'est pas trompé. Le succès du film est énorme. Il ne reste plus qu'à trouver un autre sujet pour le confirmer. C'est Rober Wise qui le propose avec *West Side Story*, un remake de *Roméo et Juliette* où elle incarne Maria, une Portoricaine qui tombe amoureuse d'un Américain mais dont l'union sera compromise par de violentes luttes raciales. Rythmé par la musique de Léonard Bernstein, le film fait un triomphe. Bien qu'il ait coûté plus de sept millions de dollars, il est amorti en moins de six mois. Dans le monde entier, on ne veut à aucun prix rater le film. On veut admirer cette remarquable jeune femme qui fait battre tant de cœurs, on veut partager son succès.

Pour Natalie, c'est la gloire absolue. Elle fait désormais ce qu'elle veut, et commence par divorcer de Robert Wagner. La nouvelle fait l'effet d'une bombe dans le milieu du cinéma, pour la plus grande joie de la presse, qui s'empare à nouveau de sa vie amoureuse. Natalie est libre à nouveau, mais ne le reste pas longtemps. Elle est fiancée à Warren Beatty, puis elle rompt pour épouser Arthur Lowe, un producteur très connu, mais divorce à nouveau pour se marier avec un autre producteur, Robert Gregson, dont elle a une fille qu'elle appelle Natacha, comme elle.

La presse, avec délectation, ne cesse de raconter ses caprices de star. Un jour, elle commande directement son huile de gardénia au Caire parce qu'elle y est plus pure, un autre jour elle demande à la Warner de lui faire fabriquer des porte-cigarettes spéciaux à Londres, ou bien elle exige qu'on lui donne les bijoux qu'elle porte pendant les tournages...

Dix années passent ainsi, faites de folies, mais aussi de films plus ou moins intéressants tels que *Gipsy* de Mervin Le Roy, *Une certaine rencontre* de Mulligan, ou bien encore *Les Plaisirs de Pénélope* d'Artur Hiller, qui fut probablement son plus grand échec.

LA « SURVIVANTE N° 1 »

En 1969, elle renoue avec le succès en jouant dans *Bob and Ted and Carol and Alice* de Mazursky, une comédie de mœurs qui décrit la nouvelle *american way of life* des couples bourgeois américains qui croient s'épanouir entre un joint, un gourou et des amours libérées. Pour Natalie l'expérience est vivifiante. Son talent est intact mais elle est maintenant une femme affirmée. Sans aucun doute elle a mûri. Son jeu est plus sûr, moins stéréotypé... D'ailleurs le public ne s'y trompe pas, qui lui fait un triomphe.

Événement tout à fait inattendu, Natalie choisit d'épouser à nouveau Robert Wagner en 1972 sur un yacht, parce qu'ils aiment l'océan par-dessus tout... Comme elle le déclare elle-même, il est le seul homme qui puisse lui donner l'équilibre suffisant pour vivre. Avec lui, elle a une autre fille, Courtney.

Ci-contre : Natalie dans le film *Gipsy*.

Page de gauche : Natalie lisant le script de *West Side Story*. Le succès du film fut tel dans le monde entier qu'il fut amorti en six mois, malgré les sept millions de dollars qu'il avait coûté.

Tout va donc pour le mieux dans le meilleur des mondes possibles. Redevenue une mère comblée, une star célèbre, en un mot une femme épanouie et heureuse ou, comme la surnomme la presse américaine, la « survivante n° 1 », Natalie peut regarder vers l'avenir sans crainte. Pendant huit ans elle continue de tourner, ce n'est souvent pas très concluant. Mais qu'importe ! Comme elle l'affirme, désormais c'est sa famille, l'éducation de ses enfants et l'amour de son mari qui comptent.

Pourtant l'actrice qui se dit heureuse ne semble pas l'être tant que cela. On susurre qu'elle veut se retirer du monde. Ce qu'elle fait en achetant une splendide demeure à Beverly Hills qu'elle emplit de chefs-d'œuvre de l'art français. On affirme qu'elle souffre de claustrophobie et qu'il lui est impossible de rester chez elle seule plus d'une journée. On ajoute qu'elle a peur de la quarantaine, ce cap fatidique pour toutes les stars qui ont fait vibrer des millions d'hommes par la grâce de leurs corps parfaits... Mais le temps passe, apparemment sans dommage sur cette femme qui se dit une battante. Elle est toujours là, elle le sera toujours.
Mais le destin en décide autrement en ce samedi 28 novembre 1981. La soirée a bien commencé. Natalie est en joyeuse compagnie au Doug's Harbour Reef Saloon, un bar situé au fond d'une crique de Santa Catalina. En compagnie de Robert Wagner et Christopher Walken, elle prend un verre pour se reposer du tournage de *Brainstorm*, son nouveau film. Les trois amis boivent, signent des autographes aux enfants qui envahissent la petite salle de restaurant. Ils font même la fermeture, comme le rappelle Dan Whiting, le gérant. Et puis Robert et

Ci-contre : Natalie et Robert Wagner à Cannes en 1972. Il fut le seul homme qu'elle aima vraiment. Ils étaient ensemble sur leur yacht le jour de sa disparition.

elle rejoignent leur yacht, ancré à quelques encablures de là.
À minuit, les deux amoureux bavardent encore dans le salon, puis Natalie parle d'aller se coucher et prend congé. Son mari ne s'inquiète pas. Il ira la rejoindre un peu plus tard.
Stupeur ! Quand il arrive dans leur cabine, Natalie n'est pas là. Étonné, Robert entreprend des recherches sur le bateau, mais celui-ci est vide. Le skipper qui cherche avec lui découvre alors que le dinghy a disparu. Cette fois-ci Robert est franchement inquiet et donne l'alerte. La police se met immédiatement au travail, mais la nuit se passe sans qu'on trouve une quelconque trace de l'actrice.
Ce n'est que le dimanche, à 7 h 45, que le mystère s'éclaircit.

On retrouve le corps sans vie de Natalie à deux kilomètres du yacht, flottant à côté du dinghy dont le moteur est arrêté. Elle porte un anorak rouge sur sa chemise de nuit. À quarante-trois ans, l'une des plus grandes stars du cinéma américain a trouvé la mort dans des circonstances mystérieuses… Que s'est-il passé au cours de ces quelques heures ? On évoqua toutes les hypothèses, suicide, assassinat, accident… Mais aucune ne fut retenue par la police. Il ne restait plus qu'une solution : accepter le mystère et classer le dossier. Ce que fit le coroner.

Page de gauche : Natalie avec Richard Gregson et leur fille Natacha, en 1970. Leur mariage ne durera pas.

CRÉDITS PHOTOGRAPHIQUES :

Toutes les photographies de cet album proviennent de l'agence Archive Photos France, sauf pour les pages 82, 83, 84, 85 et 86 : © Sunset Boulevard - Raymond Boyer.